LETTRES CRITIQUES

SUR LA VIE, LES ŒUVRES LES MANUSCRITS D'ANDRÉ CHÉNIER

PAR

L. BECQ DE FOUQUIÈRES

CHARAVAY FRÈRES ÉDITEURS

PARIS 1881

LETTRES

CRITIQUES

SUR

ANDRÉ CHÉNIER

LETTRES
CRITIQUES

SUR LA VIE, LES ŒUVRES

LES MANUSCRITS

D'ANDRÉ CHÉNIER

PAR

L. BECQ DE FOUQUIERES

PARIS. CHARAVAY FRÈRES ÉDITEURS

51 rue de Seine 51

1881

PRÉFACE

PRÉFACE

Les lettres, que je rassemble aujourd'hui en volume, ont été publiées, les unes, dans le journal *Le Temps*, les autres, dans les *Annales de la Faculté des Lettres de Bordeaux*. J'y ai fait naturellement quelques corrections et d'assez nombreuses additions. En les écrivant et surtout en les donnant au public je m'étais flatté d'un espoir qui malheureusement ne s'est pas réalisé. J'espérais que ces lettres me vaudraient des communications importantes; que peut-être elles feraient surgir de l'ombre quelques morceaux inédits, et révèleraient l'existence d'autres manuscrits d'André Chénier. Or, je dois l'avouer, je n'ai reçu qu'une seule indication qui ne m'a mené jusqu'à présent à aucune découverte. En publiant de nouveau ces lettres, sous la forme moins éphémère du livre, je veux nourrir le même espoir. Mais je crains bien d'être déçu une fois encore.

Auprès de beaucoup de personnes d'ailleurs les travaux purement critiques ne sont pas en faveur. On consent à qualifier de brillantes certaines passe-d'armes littéraires ; mais au fond on ne veut y voir que des jeux d'esprit ou des assauts d'érudition. Cependant c'est le labeur incessant de la critique qui a conservé ou rétabli dans leur originalité première les chefs-d'œuvre de l'esprit humain, à commencer par les poèmes homériques. Le but qu'elle poursuit est plus désintéressé qu'on ne croit. Après des travaux sans nombre, des recherches incessantes, de longues et continuelles lectures, si le critique parvient à fixer d'une façon définitive dans sa pureté première le texte du poète ou de l'écrivain qu'il a pris pour sujet de ses études, il n'a plus qu'une ambition, c'est de renverser sur le sol et de faire disparaître le savant échafaudage qui lui a servi à élever son monument. C'est alors qu'apparaissent ces superbes ou charmantes éditions dont la beauté du papier et la netteté des caractères sont les seuls attraits étrangers au texte lui-même. Les marges et le bas des pages sont purs de toutes notes : Qu'en est-il besoin ? Le texte est désormais fixé, et le lecteur peut s'abandonner, sans que rien vienne l'en distraire, au seul plaisir de la poésie. Or, c'est cette tranquillité inconsciente, ce plaisir sans mélange du lecteur, qui est précisément le but que poursuit le critique et en même temps sa plus douce récompense.

Pour André Chénier tout le monde sait combien ont souffert ses œuvres, imprimées en partie seulement vingt cinq ans après sa mort, et dont la famille n'a consenti que cinquante-cinq ans plus tard, en 1874, à publier les manuscrits inédits qu'elle possédait encore. Je ne referai pas ici l'histoire tant de fois faite, et par moi-même à différentes reprises, de ces œuvres et de ces manuscrits. Il me suffira de répéter ici ce que je disais plus haut de la critique en général, que le but auquel tendent les efforts de tous ceux qui s'occupent d'André Chénier est de donner de ses poésies un texte irréprochable, ce qu'on appelle plus modestement un bon texte; en même temps d'éclaircir les diverses circonstances de sa vie et les événements historiques ou littéraires, qui peuvent servir à expliquer le développement de son esprit.

Quant à la constitution des pièces et à l'établissement du texte, la condition nécessaire de l'édition définitive, sera l'examen direct et approfondi des manuscrits. Pour ceux que possède encore la famille cette condition sera aisément remplie le jour où le public en aura la libre disposition. Pour ceux qui sont restés entre les mains de Latouche, la question a été compliquée par une catastrophe : une partie de ces manuscrits a été détruite ou a passé à l'étranger, et l'espoir que l'on nous donne de pouvoir les en tirer me paraît bien faible. Il faudra donc chercher assidûment tous ceux qui, donnés par Latouche, ont échappé à ce désastre. Ce sont précisément les premiers résultats de cette enquête déjà commencée que j'expose dans les lettres rassemblées ici. Enfin il reste encore le groupe des manuscrits inconnus, perdus ou égarés. Là, c'est le hasard seul qui décidera, et le succès appartiendra non au plus patient mais au plus heureux.

Ce qui doit donner quelque espoir dans l'issue de ces recherches laborieuses, c'est de voir que dans cette question littéraire, d'un ordre élevé, l'intérêt du public ne languit pas et ne le cède pas au zèle de la critique. Le travail est incessant; et je voudrais en quelques mots faire un examen succinct des études entreprises de différents côtés sur la vie et les œuvres d'André Chénier.

Après la publication de l'édition de 1874, qui par le nombre des vers inédits et l'incomparable beauté de plusieurs morceaux a ranimé l'attention des uns et l'ardeur des autres, j'ai moi-même publié un volume de *Documents nouveaux* (1), dans lequel, après avoir éclairci les circonstances de la mort d'André Chénier, au moyen de documents inédits, retrouvés aux archives, j'ai discuté

(1) *Documents nouveaux sur André Chénier et Examen critique de la dernière édition de ses œuvres*, etc., in-12. Paris, Charpentier, 1875.

le texte de la nouvelle édition et cherché à expliquer et à reconstruire plusieurs des œuvres altérées ou inachevées du poète. Ce dernier volume et l'édition de 1874 ont donné lieu à quelques articles littéraires étendus et remarquables, parmi lesquels je me contenterai de signaler ceux de M. Caro dans le *Journal des savants* et dans la *Revue des deux mondes*, et ceux de M. Despois dans la *Revue politique et littéraire.*

Un peu plus tard, en 1876, M. Reinhold Dezeimeris eut l'heureuse idée de publier ses notes sur André Chénier, dans un volume fort curieux qui se distingue par une érudition ingénieuse, et qui est consacré à l'examen critique des œuvres de Mathurin Régnier, d'André Chénier et d'Ausone (1). Ce fut dans ce volume que M. Dezeimeris fit connaître la curieuse découverte qu'il avait faite de la source antique de l'élégie du *Jeune malade.*

Mais la renommée du poète a franchi les frontières de la France ; et nous citerons parmi les travaux étrangers une conférence faite à Bâle au mois de mars 1877 par M. Stephan Born, professeur à l'académie de Neuchâtel, et publiée l'année suivante dans la *Revue des cours publics.* (2) Cette conférence offre un essai, aussi

(1) *Leçons nouvelles et remarques sur le texte de divers auteurs,* in-8. Bordeaux, 1876.

(2) *Oeffentliche Vortrage gehalten in der Schweiz,* Basel. La conférence sur André Chénier se trouve dans le premier cahier du cinquième volume.

piquant qu'instructif, au point du génie des deux langues, de traduction en vers allemands de *l'Ode à Charlotte Corday* et de *la Jeune captive.*

Ce fut vers cette époque que je commençai mes recherches sur les manuscrits. J'en publiai les résultats, sous forme de *Lettres critiques* adressées les unes à M. Antoine de Latour, les autres à M. Prosper Blanchemain ; et elles furent insérées successivement, d'octobre à novembre 1878, dans sept numéros du journal *Le Temps.*

De son côté M. Dezeimeris poursuivait ses études sur le même sujet. De nouvelles lectures lui fournirent de nouveaux rapprochements entre André Chénier et les poètes grecs. Il me fit l'honneur de me communiquer ses précieuses et savantes observations, qui parurent sous la forme d'une lettre dans le deuxième numéro (juillet 1879) des *Annales de la Faculté des Lettres de Bordeaux.* Cela me fut une dernière occasion de parler encore d'André Chénier et j'adressai à M. Dezeimeris une suite de lettres qui furent insérées dans le numéro de septembre du même recueil.

Enfin, vers la fin de l'année 1879, la *Bibliothèque universelle et Revue Suisse* publia dans les numéros de novembre et de décembre deux articles de M. Eugène Rambert, professeur à l'École polytechnique fédérale. Dans le premier se trouve analysé avec beaucoup de clarté l'ensemble des travaux critiques auxquels a donné lieu la publication des œuvres d'André Chénier. Le second contient une appréciation originale et nouvelle en bien des points du génie tantôt antique et tantôt essentiellement moderne du poète.

Dans cette même année, avant la publication des deux articles précédemment signalés, M. R. de Bonnières avait eu l'heureuse idée de réimprimer les *Lettres de madame Chénier* sur les danses grecques, sur les enterrements et sur les tombeaux grecs (1). Cette publication est certainement ce qui a paru de plus important, depuis plusieurs années, sur la famille des Chénier. Mais son intérêt ne provient pas seulement des lettres aimables de madame de Chénier, qu'à la rigueur on pouvait lire dans les ouvrages et les recueils où elles avaient jadis été insérées, mais encore et surtout de l'étude biographique dont M. de Bonnières a fait précéder ces lettres. On n'avait jusqu'ici que d'assez vagues renseignements sur la vie de M. de Chénier et sur les diverses positions qu'il avait occupées dans le Levant. Cette lacune est désormais comblée. A l'aide de documents authentiques M. de Bonnières a fixé ces différents points de la façon la plus précise. Quant aux relations qui ont existé entre madame de Lesparda et Marie-Joseph, l'éditeur a publié de nouveau, après M. Étienne Charavay (2) un document éminemment

(1) *Lettres grecques de madame Chénier, précédées d'une étude sur sa vie*, par Robert de Bonnières, in-8. Paris, Charavay frères 1879.

(2) C'est dans la *Revue des Documents historiques*, octobre-no-

curieux et instructif. Il témoigne de l'aveuglement de la famille de Chénier vis à-vis de la passion que le faible Marie-Joseph avait conçue pour cette femme que, dans une déclaration relative à la succession de son frère, datée du 19 janvier 1811, Constantin-Xavier de Chénier appelle *sa noble et respectable amie madame Marie-Louise-Eugénie Le Beau de l'Esparda de Maisonnave.* Il résulte de cette déclaration que pendant une vie commune de seize années Marie-Joseph subit l'influence de madame de Lesparda et lui abandonna des manuscrits sur la nature et l'importance desquels règne une grande obscurité. Il est donc permis de craindre qu'à ses propres manuscrits Marie-Joseph n'ait parfois joint ceux d'André Chénier. Cela d'ailleurs s'accorde avec d'autres renseignements que j'ai rapportés dans une des lettres adressées à M. A. de Latour. Il y a donc encore là une source de découvertes possibles pour l'avenir, si toutefois les manuscrits restés en la possession de madame de Lesparda, morte depuis longtemps déjà, ne sont pas aujourd'hui anéantis.

M. Étienne Charavay eut encore l'heureuse fortune de publier dans les n^{os} de septembre et octobre 1879 de la *Revue des Documents historiques*, deux lettres de madame de Chénier, datée des 29 et 30 vendémiaire an VII, et adressées au père de M. Mahérault. Ces lettres jettent

vembre 1877, que M. Etienne Charavay avait le premier fait connaître cette pièce.

un jour très-vif sur l'intérieur troublé de Marie-Joseph. Elles sont en outre de nature à laisser planer quelque doute sur le talent littéraire de madame de Chénier. Cependant il ne faudrait pas se hâter de conclure. Guÿs a fort bien pu retoucher les lettres insérées dans son *Voyage en Grèce*; mais cela ne tendrait à prouver qu'une chose, c'est que madame de Chénier était une femme de plus d'esprit naturel que de savoir. Comme beaucoup de ses contemporaines elle causait sans doute beaucoup mieux qu'elle n'écrivait.

Dans le courant de l'année 1880, nous avons appris la mort de M. Gabriel de Chénier, qui, malgré ses quatre-vingts ans, paraissait devoir vivre longtemps encore; mais il avait été très éprouvé, quelques années auparavant, par la perte d'un fils unique. Avec lui s'éteint un nom illustre. Il est regrettable que M. Gabriel de Chénier n'ait pas eu le temps de publier l'édition des *Œuvres en prose* d'André Chénier, qu'il avait annoncée à la fin de la notice qui ouvre le premier volume des Poésies. Il nous promettait en effet plusieurs morceaux et fragments en prose inédits, qui doivent être du plus grand intérêt, et des notes sur Voltaire et sur les auteurs grecs, parmi lesquelles on signale de curieux commentaires sur Aristophane.

Je ne saurais clore cette préface sans exprimer à M. Étienne Charavay la juste reconnaissance que je lui dois. Son inépuisable complaisance m'a mis à même de retrouver les propriétaires actuels des manuscrits d'André Chénier. J'offre enfin ici tous mes remerciements aux heureux possesseurs de ces reliques sacrées : partout j'ai reçu l'accueil le plus bienveillant et le plus empressé; et toutes les collections se sont libéralement ouvertes à ma première sollicitation.

LETTRES

A M. ANTOINE DE LATOUR

LETTRES

A M. ANTOINE DE LATOUR

I

Chaque fois que je me suis occupé d'André Chénier, j'ai cru que c'était la dernière. Mais à peine avais-je tourné mes regards vers un autre sujet d'études que déjà, Monsieur, vos lettres me sollicitaient de revenir à notre cher poète. Et, en effet, chaque année, chaque jour efface les traces du passé. Vers 1820, que d'hommes avaient vécu les vingt, trente ou quarante dernières années du XVIIIe siècle ! André Chénier lui-même n'aurait eu alors que cinquante-huit ans, et la plupart de ses contemporains étaient dans la plénitude de la vie. Aujourd'hui, ce sont ceux-là mêmes qui ont pu recueillir les récits de ses contemporains qui s'éteignent à leur tour. Ainsi vont s'affaiblissant les échos du passé ; ce ne sont bientôt plus que quelques sons mourants que couvre la voix retentissante du présent.

Jamais je n'ai été plus frappé de ce mélancolique déclin des choses que dans la circonstance dont je veux vous entretenir. Il s'agit des manuscrits d'André Chénier : *Habent sua fata libelli!* Je ne parle pas du précieux résidu que conservent les derniers représentants de la famille du poète et qui ne contient guère que ses esquisses et ses ébauches, mais des manuscrits restés depuis 1819 entre les mains d'Henri de Latouche, et qui nous rendraient bien des vers négligés d'abord, sans doute quelques fragments nouveaux, et peut-être nous révèleraient l'existence d'autres manuscrits depuis longtemps perdus.

Les jeunes savants, qui chaque année s'élancent de

la docte Athènes à la découverte du monde antique, ne gravissent pas les pentes abruptes du mont Athos avec plus d'émotion que je n'en éprouvai le jour où j'entrepris le poétique pèlerinage dont je vous dois le récit.

Un matin d'avril, il y a trois ans, je pris le chemin de fer de Sceaux. Je n'avais que de vagues renseignements, que vous m'aviez aidé à recueillir ; mais ils devaient me suffire pour commencer une enquête sur les lieux que j'allais explorer. Voyage bien court, mais rempli par d'impérissables souvenirs ! Je saluai les dryades d'Arcueil qu'allait jadis éveiller dans leurs antres cette jeune et poétique brigade qui fut l'honneur d'un grand siècle. Après Arcueil vint Fontenay :

Fontenay, lieu qu'Amour fit naître avec la rose!

Les Muses ainsi se levaient toutes sur mon chemin et sans doute m'accompagnaient de leurs vœux.

Arrivé à Sceaux, je pris quelques informations nécessaires, puis je me lançai sur la grande route qui mène à Aulnay, frappant d'un pied rapide le sol encore glacé. Aux trois quarts du chemin, je quittai la grande route et suivis un sentier qui descendait au milieu de jardins et de pépinières. J'étais dans la *Vallée aux Loups*.

Arrivé à une fontaine, dont l'eau allait se perdre en chantant sous la mousse, je changeai de direction et je pris à droite un sentier qui gravissait les pentes du coteau d'Aulnay, où plane encore l'ombre majestueuse de Chateaubriand. Or, c'est à l'angle même formé par cet étroit sentier et l'avenue qui porte le nom de l'auteur de René que se trouve la maison où vécut et mourut Latouche. Là habite encore aujourd'hui mademoiselle Pauline de Flaugergues. Après avoir entouré Latouche durant sa vie d'un culte presque filial, elle le soutint pendant les dernières épreuves, maintenant par la douce persuasion une raison qui s'échappait parfois en accès terribles. Quand Latouche mourut, en 1851, il lui laissa tout ce qu'il possédait, cette humble maison, ses manuscrits, ses papiers et sa bibliothèque.

Le premier soin de mademoiselle Pauline de Flaugergues fut de publier les vers posthumes de Latouche; puis elle s'enfouit dans cette solitude, et vécut dans le silence, ami du souvenir. Au cimetière de Chatenay, qui est situé de l'autre côté de la vallée, repose Henri de Latouche dans un monument qu'elle lui fit tailler dans le marbre. Chaque jour, depuis vingt-cinq ans, elle traverse à pas lents la vallée, et pendant de longues heures, quelquefois pendant des journées et des nuits entières, on la voit, immobile comme la statue de la Douleur, assise au fond du tombeau.

J'examinai un instant, de l'extérieur, cette demeure dont j'apercevais le toit au milieu d'un grand terrain entouré d'un mur qui semblait prêt à s'écrouler de toutes parts. Dans le mur s'ouvre une porte étroite ; je tirai une sonnette qui ne rendit aucun son. Après un instant d'hésitation, je me décidai à entrer. L'humble maison s'élève au milieu d'un enclos qui fut jadis un jardin. Ce ne fut pas sans mélancolie que je contemplai ce désordre inculte, ces ruines que le lent découragement de la douleur laissait tomber en poussière, et que la puissante nature envahissait, jetant des flots de pervenches sur ce sol que lui abandonnait la main des hommes. Hélas ! était-ce bien dans ce lieu désolé que je pouvais espérer retrouver les reliques du poète !

Après une demi-heure d'attente, mademoiselle de Flaugergues rentra. Je vis une femme âgée, déjà courbée, et qu'avait lassée le poids d'une opiniâtre pensée. Elle leva lentement sur moi un regard qui devint immobile et elle attendit, sans curiosité comme sans empressement, que je lui expliquasse ma présence.

Mais à peine avais-je prononcé quelques mots, qu'aux noms de Latouche et d'André Chénier son regard s'éclaira. L'intelligence des choses présentes et passées se réveilla subitement en elle ; il semblait que son âme projetât une vive et soudaine clarté sur tout ce qui pouvait se rattacher à son éternel souvenir. Immédiatement elle me fit pénétrer chez elle. Là, je fus frappé de la dévastation qui de ces lieux avait enlevé jusqu'aux objets les plus nécessaires à la vie. Je ne pus réprimer un mouvement de douloureux étonnement. Mademoiselle de Flaugergues s'en aperçut, et allant au-devant de ma première question : « C'est tout ce que je possède, me dit-elle ; ils ne m'ont rien laissé, pas même un lit. » Je ne compris que trop bien déjà l'irréparable malheur ! mais il me fallait mesurer le désastre et la ramener par des questions plus pressantes à cette époque douloureuse de sa vie.

Qui ne se rappelle ce mois de sinistre mémoire, ce mois de septembre 1870, où une grande nation sans défense se vit couverte et envahie par toutes les armées de l'Allemagne ? Tandis que les longues files de cette fourmilière en marche descendaient les vallées de l'Oise, de la Marne et de la Seine, la Panique, pâle, échevelée, devançant les pas de ces fils avides d'Arminius, secouait les vieillards, les femmes, les enfants, les faisait se lever affolés et les chassait de leurs foyers.

Vers le 19, les éclaireurs ennemis parurent à Aulnay. Ce jour-là, mademoiselle de Flaugergues passa de plus longues heures dans la funèbre chapelle. En rentrant, elle vit une voiture arrêtée devant sa porte. C'était une de ses amies qui venait, hélas! l'arracher à cette maison que sa présence eût suffi à sauver du pillage. Elle hésita : c'était sa vie, son âme, le cher et intime témoin de son inconsolable douleur qu'il fallait se résigner à quitter. Mais l'entraînement, la peur communicative, l'exaltation d'une amitié dévouée finirent par la décider : elle partit. Quand, au printemps de 1871, elle revint à Aulnay, elle ne revit qu'un désert : sa maison pillée, dévalisée, était béante et vide des objets sacrés qui l'emplissaient.

Elle ne retrouva rien, pas même un feuillet des papiers de Latouche qu'elle conservait pieusement, pas une page des cinq mille volumes que celui-ci lui avait légués ; et c'était dans cette bibliothèque, parmi ces papiers, que se trouvaient les manuscrits d'André Chénier, tous ceux du moins que Latouche n'avait malheureusement pas donnés. Mademoiselle de Flaugergues qui, pendant tant d'années, avait vécu de la vie de Latouche, partageait le culte et l'admiration qu'il avait voués à André Chénier. Que de fois il avait pris ce volume de 1819, cette première édition qui restera sa véritable gloire littéraire, et lui en avait fait de longues lectures ! Ces manuscrits, elle les avait vus, elle les voyait encore. Mais depuis 1851, depuis la mort de Latouche, absorbée dans une seule et envahissante pensée, elle n'avait plus rouvert ce volume, le charme d'une vie commune anéantie. Quand je voulus, par des questions plus précises, mesurer la grandeur du désastre, je ne pus que constater ce que vingt-cinq années avaient effacé de sa mémoire.

Restait-il beaucoup de manuscrits d'André Chénier parmi les papiers de Latouche ? A cette question, elle ne put répondre que vaguement. Latouche en avait donné beaucoup ; mais quant à l'importance de la liasse de manuscrits qu'il avait conservés au milieu de ses propres papiers, elle ne pouvait rien préciser. Ceux qu'elle connaissait, qu'elle voyait le plus souvent, c'était d'abord un petit manuscrit roulé sur lui-même et qui pendant de longues années était resté sous le globe de la pendule ; puis, constatation plus importante, douze à quinze manuscrits placés entre les feuillets du volume in-octavo de l'édition de 1819. Malheureusement la mémoire de mademoiselle de Flaugergues lui fit défaut, lorque je lui demandai si elle pourrait me désigner les pièces dont les manuscrits se trouvaient dans ce volume. Sur un point cependant, et il a son importance, son souvenir devint précis. « Parmi ces pièces, me dit-elle, il en est une que je puis citer ; c'est l'élégie qui commence par ce vers :

O nécessité dure ! ô pesant esclavage !

Dans cette pièce, Latouche avait fait une correction. Sur le manuscrit il n'y avait point *le fer libérateur*, mais *le doux poignard*. Ce détail est toujours resté présent à ma mémoire. »

Ainsi, Monsieur, une partie des manuscrits d'André Chénier doit être considérée comme à jamais perdue (1). Et la perte, sans qu'on puisse aujourd'hui en évaluer l'importance, doit nécessairement dépasser les douze ou quinze manuscrits insérés dans l'exem-

(1) Lorsque cette lettre parut dans *le Temps*, on put lire à la fin une note de la rédaction ainsi conçue : « Nous avons des raisons de croire que les manuscrits enlevés à la maison de la Vallée-aux-Loups n'ont pas péri, mais qu'ils ont passé en Allemagne, et qu'il y a quelque espoir de les en tirer. » Je voudrais pouvoir partager cet espoir ; mais depuis deux ans que cette note a été écrite rien n'est venu le confirmer.

plaire de Latouche, parmi lesquels se trouvait, sans qu'il y ait doute, la XXXVIe élégie de 1819.

Pour cette pièce, la perte est presque compensée par la reconstitution du texte.

Quand je quittai mademoiselle de Flaugergues, je regrettai amèrement de ne pas avoir été mieux informé en 1860. Regrets tardifs et vains ! Je repris la route de Sceaux, et tout en marchant j'entendais chanter dans ma mémoire les beaux vers du poète, auxquels je m'empressai d'adapter la leçon nouvelle :

> Souvent, las d'être esclave et de boire la lie
> De ce calice amer que l'on nomme la vie
> Las du mépris des sots qui suit la pauvreté,
> Je regarde la tombe, asile souhaité ;
> Je souris à la mort volontaire et prochaine ;
> Je me prie, en pleurant, d'oser rompre ma chaîne :
> Déjà le doux poignard qui percerait mon sein
> Se présente à mes yeux et frémit sous ma main !
> Et puis mon cœur s'écoute et s'ouvre à la faiblesse...

Rencontre heureuse ! les souvenirs de mademoiselle de Flaugergues avaient été précis sur un point pour lequel j'avais en quelque sorte un moyen de contrôle. En effet, cette élégie avait été justement citée par Chateaubriand, en 1802, dans une note de la première édition du *Génie du Christianisme* (1). Il n'était

(1) On sait que ce fut Chateaubriand qui, parmi les grands écrivains de ce siècle, appela le premier l'attention du public sur les poésies d'André Chénier. Or ce fut à une occasion toute for-

pas probable que Chateaubriand et Latouche eussent conçu la même correction, à moins que ce dernier n'eût pris le texte du *Génie du Christianisme.* En recourant au volume, je m'aperçus que le *doux poignard*, cette pensée de suicide présentée au moyen de cette aimable et sacrilège image, avait dû constituer pour Chateaubriand une difficulté, qu'il avait tournée en disant avoir retenu ce morceau de mémoire, et en remplaçant pas des points les deux vers en question. Ainsi cette réticence de l'écrivain garantissait l'exactitude du souvenir de mademoiselle de Flaugergues. Quant à Millevoye, qui avait reproduit cette pièce dans l'*Al-*

tuite qu'il dut la connaissance des quelques fragments qu'il cita. En effet, en 1842, lorsque M. Tenant de Latour fit part aux lecteurs du *Journal des Débats* de la découverte qu'il venait de faire du *Malherbe* annoté par André Chénier, il rappela la bonne fortune qu'avait eue Chateaubriand. Celui-ci, quelques jours après, lui adressa le billet suivant, que M. Antoine de Latour a bien voulu me communiquer :

« André Chénier, Monsieur, n'avait pas besoin de ma voix pour se faire connaître. Si j'ai parlé de lui le premier, j'ai dû cet avantage à un hasard de ma vie. Vous m'avez fait trop d'honneur en rappelant mon nom dans votre nouvelle édition de Malherbe. Je m'empresse de vous en remercier.; mais ma carrière est finie et je ne m'occupe plus de ce monde que par quelques unes de mes vieilles admirations.

« Agréez, Monsieur, je vous en prie, avec l'expression de ma reconnaissance, l'assurance de ma considération la plus distinguée.

« CHATEAUBRIAND. »

« Paris, 17 mai 1842. »

manach littéraire ou Etrennes d'Apollon pour l'an 1805 (p. 127), il avait simplement reproduit le texte de Chateaubriand avec la même lacune indiquée par des points.

J'ai terminé, Monsieur, le récit de cette visite chez mademoiselle de Flaugergues à Aulnay, visite dont je vous avais fait connaître le résultat, mais dont je vous devais les détails.

Après avoir constaté cette perte irréparable d'une partie des manuscrits, était-il besoin de continuer une enquête littéraire entreprise sous d'aussi défavorables auspices ? J'examinai de nouveau le problème et j'en retournai les termes. Puisque les manuscrits restés entre les mains de Latouche m'échappaient, c'était sur ceux dont il s'était dessaisi qu'il fallait diriger mes recherches.

Cette nouvelle enquête sera longue ; il faudra des années et d'heureuses rencontres pour la mener à bonne fin. Mais, je le dis pour les esprits patients et chercheurs qui pourraient être tentés de l'entreprendre, il y a là un champ de découvertes vaste et peu exploré ; je n'en veux pour preuves que les résultats heureux et inattendus qu'ont produits les premières investigations de cette enquête.

Ce sont ces résultats, Monsieur, et ces premières découvertes que je veux vous faire connaître et qui feront l'objet des lettres suivantes (1).

(1) Lorsque cette lettre parut dans *Le Temps*, M. Antoine de Latour se trouvait encore à Sceaux, où il avait été passer la belle saison. Il voulut faire un dernier pèlerinage à la maison de la Vallée-aux-Loups. Hélas! c'est à peine s'il put la reconnaître. Les lierres qui montaient jusqu'à la toiture, les pervenches qui couvraient le sol du jardin avaient été arrachés. La maison, remise à neuf et agrandie, avait passé entre les mains d'un autre propriétaire. M. de Latour demanda ce qu'était devenue Melle de Flaugergues. On lui apprit qu'elle était morte. Entrée dans la maison de retraite de Sainte-Anne d'Auray, à Chatillon, vers la fin de 1876, elle y était décédée au mois de février 1878.

En quittant ces lieux dont rien désormais ne rappellera plus le souvenir d'Henri de Latouche et d'André Chénier, M. de Latour descendit le poétique chemin de la fontaine, et, de l'autre côté de la vallée, alla visiter la cimetière de Chatenay. Il y trouva facilement le tombeau modeste de Melle de Flaugergues, qui se dérobe dans l'ombre du monument élevé à la mémoire de Latouche. Au milieu de sa fastueuse demeure le poète dort sous un mausolée de marbre. Au fronton est inscrit dans la pierre le nom d'Henri de Latouche, au-dessous duquel se lit cette épitaphe : *Litteris, patriæ, amicis consecravit totam suam vitam.*

II

Avant de vous faire connaître, Monsieur, quels ont été les résultats de mes recherches, je voudrais en quelques mots vous indiquer les chemins nombreux et divers dans lesquels il serait désirable de diriger cette enquête littéraire, et qui pourraient conduire à des régions peu ou point explorées jusqu'ici.

André Chénier a été en relations avec un grand nombre d'hommes distingués ayant joué un rôle plus ou moins important dans la politique, dans les arts, dans les lettres. Avec plusieurs d'entre eux, il a entretenu un commerce littéraire ; et si ses descendants ont retrouvé des vers qui lui avaient été adressés ou donnés par Florian et par Niemcewicz, pourquoi n'espérerait-on pas retrouver parmi les papiers de ceux-ci quelques pièces inédites d'André Chénier ?

Florian est mort jeune, en 1794, après avoir été incarcéré et avoir dû subir des visites domiciliaires, ce qui peut-être doit laisser peu d'espérances. Quant à Niemcewicz, après une longue existence souvent errante et toujours agitée, il était venu se fixer aux environs de Paris et n'est mort qu'en 1841. N'a-t-il laissé aucun mémoire, aucun manuscrit? N'avait-il conservé aucune lettre d'André, témoignage d'une époque pleine d'enthousiasme et d'une foi commune dans la liberté ?

André Chénier était en correspondance avec Alfieri et la comtesse d'Albany. Or, où sont les lettres et les vers qu'il a dû leur adresser ? Comment se fait-il que parmi ses poésies il ne s'en trouve aucune dédiée au poète italien ou à la veuve du prétendant? Et ici nous pouvons être plus précis : Au tome III, page 214, de l'édition de 1874, on trouve une indication sommaire, le simple titre d'un *Hymne à la Nécessité*, accompagné d'une courte note visant une expression de Callimaque : « La Nécessité, puissante divinité ! » Or cette pièce a été faite et on peut en déterminer la date ; elle est de 1789. Elle a de plus été adressée à Alfieri.

En effet, dans l'épître en vers italiens que celui-ci a envoyée à André Chénier, alors en Angleterre, il a précisément relevé l'expression empruntée par André au poète de Cyrène :

Ah! ben tu osservi che di ferro i chiovi
Necessitade, inesorabili Diva.

« Ah ! tu as bien raison de dire qu'elle a des clous de fer la Nécessité, inexorable déesse. » Ainsi nous retrouvons là, sous la plume d'Alfieri, esquissé en deux vers, le thème développé par André Chénier. Et l'on peut conjecturer, que dis-je ! on peut affirmer que, dans cette pièce, au souvenir de Callimaque était venu se joindre celui d'Horace, qui s'écrie dans la belle ode *A la Fortune d'Antium* (1) : « Devant toi toujours marche la cruelle Nécessité, portant d'énormes clous et des coins dans sa main d'airain ! »

Te semper anteit sæva Necessitas
Clavos trabales et cuneos manu
Gestans ahena.....

Est-il croyable que Chénier n'ait pas conservé un manuscrit de cette pièce ? Qu'est-il devenu ? Il est perdu comme bien d'autres. D'autre part Alfieri, et, après lui, la comtesse d'Albany, ont-ils détruit les vers du poète français, des vers *trempés de miel attique ?* On ne peut le croire ; et il faut espérer qu'un jour renaîtra de l'oubli quelque belle élégie.

Malheureusement mes recherches ont été jusqu'ici infructueuses. Les manuscrits provenant d'Alfieri et de la comtesse d'Albany, et légués à la bibliothèque de

(1) Liv. I, od. 35.

Montpellier par Fabre, se divisent en trois groupes, catalogués sous les numéros 60, 61 et 62. Le premier contient une copie des ouvrages d'Alfieri ; le second n'est qu'un résidu de notes provenant du poète italien : ce sont des inventaires de meubles et de livres, des recueils d'expressions et de tournures tirées des tragiques grecs ; le troisième renferme un certain nombre de lettres adressées à la comtesse d'Albany par P.-L. Courier, Bonstetten, Mérimée, Mme de Staël ; mais toutes sont postérieures à l'année 1804. On dit que l'exécuteur testamentaire de Fabre a détruit, avant de les livrer à la bibliothèque de Montpellier, une partie des papiers provenant de la comtesse d'Albany.

La bibliothèque de Sienne conserve encore de nombreuses lettres de la comtesse; mais ce sont des lettres écrites de Florence, de 1802 à 1807, et adressées à l'archiprêtre Luti, de Sienne, un des amis intimes d'Alfieri, et auquel madame d'Albany envoyait continuellement des nouvelles de la vie intime et de l'état de santé du poète pendant son dernier séjour à Florence. Cette correspondance, toute familière et en partie même littéraire, continua après la mort d'Alfieri ; mais on n'y rencontre aucun souvenir d'André Chénier.

Quant à la bibliothèque Laurentienne, à Florence, elle ne possède d'Alfieri qu'une série de lettres adressées à Marie Bianchi, et une correspondance peu volumineuse avec l'abbé Caluso. Tous les autres manuscrits d'Alfieri sont composés de ses œuvres et d'éditions des tragiques grecs ou latins traduits ou annotés par lui.

Vous voyez que partout c'est la correspondance des vingt dernières années du dix-huitième siècle qui fait défaut, et c'est là seulement qu'on pourrait rencontrer la trace des relations qu'André Chénier a entretenues avec Alfieri et la comtesse d'Albany. Cette correspondance a-t-elle été détruite, ou existe-t-il en dehors de Florence, de Sienne et de Montpellier, d'autres dépôts de manuscrits provenant de cette précieuse succession ? C'est ce que l'avenir seul pourra éclaircir.

Hélas ! je le sais, Monsieur, à l'époque de la Révolution, bien des archives publiques et privées ont été dispersées ou anéanties par le feu. La famille de Pange, la famille de Malartic, les descendants du marquis de Brazais ne possèdent plus aucun document relatif à cette époque qui pût (sauf le poème de *l'Année* de Brazais) éclairer d'un jour nouveau la question qui nous occupe. Brazais a erré pendant vingt ans à l'étranger ; et aujourd'hui, si on pouvait retrouver quelques vestiges d'André, ce serait chez les descendants du marquis de Moriolles, le cousin du marquis de Brazais, l'ami et souvent l'hôte de Chénier. Mais M. de Moriolles a eu une existence très-aventureuse ; il a laissé des enfânts en Russie; cependant une de ses filles s'est fixée à Lorient, où elle a épousé un officier de marine. Quant à François de Pange, on sait qu'il a été obligé de quitter Paris pendant la Terreur, et qu'on a fait des perquisitions dans son domicile, à Passy près Paris, ainsi que chez madame de Sérilly, à Passy près de Sens. Les papiers Trudaine ont subi le même sort. Le marquis de Vérac, le seul héritier des Trudaine, et qui, à ce titre, possédait le portrait peint par Suvée (récemment acquis à la vente de M. de Cailleux par le marquis de Pange), a-t-il pu recueillir quelque épave échappée aux perquisitions ordonnées par le comité de sûreté générale? Aux Archives nationales il n'existe que quelques contrats relatifs à des propriétés de Trudaine de Montigny. Mais là, dans ce vaste et précieux dépôt, ce que l'on peut consulter, c'est ce que l'on peut désigner, c'est-à-dire ce que l'on connaît ;

mais on ne serait pas admis à explorer l'inconnu, à donner çà et là des coups de sonde dans cet océan de manuscrits. Vous voyez, Monsieur, dans ce tracé que j'esquisse rapidement, que de vastes espaces sur lesquels on pourrait écrire : *terra incognita*. Et ce n'est pas tout.

Parmi ses propres manuscrits, que Marie-Joseph oubliait ou serrait dans les tiroirs de madame de Lesparda, ne s'en est-il pas rencontré qui fussent d'André Chénier ? Je n'affirme pas, bien entendu ; c'est une question que je pose. Madame de Lesparda qui, en 1807, fit imprimer à Bruxelles des *Œuvres inédites de Marie-Joseph*, volume devenu très-rare aujourd'hui, eut la prétention de conserver, à la mort de Chénier, tout ce qui avait appartenu à celui-ci, et ne le rendit que contrainte par un jugement de la Cour de Paris. Or, on dit qu'elle ne rendit pas tout ; on dit que vers 1830, à bout de ressources, traînant difficilement une existence que l'âge et un vice peu féminin avaient flétrie, elle vint proposer au libraire Renduel une liasse de manuscrits dont elle espérait tirer profit ; que Renduel, soupçonnant l'origine illicite de cette possession, ne voulut même pas prendre connaissance de ces manuscrits et les lui rendit. Or, que contenaient-ils et que sont-ils devenus ?

Mais je me hâte d'abandonner un sujet qui touche quelque peu à la légende. J'ai voulu seulement vous montrer, Monsieur, toutes les directions que pouvaient prendre les recherches. Dans d'autres lettres, j'aurai l'occasion de toucher à la question des manuscrits perdus. Cette question d'ailleurs ne peut faire doute pour vous qui avez eu l'heur avec M. Tenant de Latour, votre père, de retrouver et de publier le précieux commentaire d'André Chénier sur Malherbe.

III

Si l'on veut Monsieur, retrouver et recueillir tout ce qui est sorti de la plume de Chénier, il faudra parcourir tous les recueils, tous les journaux, de 1794 à 1840, tâche immense et qui demande beaucoup de loisir. J'en ai parcouru un grand nombre, mais il en reste un bien plus grand nombre encore ou que je n'ai pas rencontrés ou que je n'ai pas eu le temps de feuilleter.

Voyez, Monsieur, ce que de doctes esprits ont fait et font chaque jour pour les poètes de l'antiquité. Ils recueillent jusqu'au moindre fragment, jusqu'à un mot cité par un grammairien ou un lexicographe. Or, André Chénier ne vaudrait-il pas un Callimaque? Sans doute, on pourra trouver des vers faibles, négligés, peu dignes du poète qui a écrit l'*Ode à Versailles ;* mais, avant de faire un choix définitif, il faut tout rassembler sans distinction. D'ailleurs, souvent un morceau, faible par lui-même, peut avoir un intérêt relatif, éclaircir un autre passage des œuvres, et enfin il représente un moment dans le développement poétique d'un grand esprit.

Quant à rencontrer quelques nouveaux fragments, oubliés dans d'anciens recueils, vous pouvez être assuré que le fait se produira ; et je vais vous en donner une preuve immédiate.

J'ai voulu rechercher dans les *Annales romantiques* le morceau imité d'un sonnet de Zappi et qui commence ainsi :

> Près des bords où Venise est reine de la mer...

Je l'ai retrouvé, en effet, dans le volume pour l'année 1827-1828, à la page 370. D'ailleurs, si vous voulez me permettre d'ouvrir une parenthèse, ce n'est pas dans ce recueil que ces vers parurent pour la première fois, ce fut en 1826, dans le *Mercure du XIX*e *Siècle* (1), dont Latouche était rédacteur en chef. Je reviens aux *Annales* que je feuilletais avec attention depuis leur origine, en 1825, jusqu'en 1834. Or, dans le volume imprimé en 1832, je rencontrai, à la page 304, des vers d'André Chénier qui, depuis cette publication, sont retombés dans l'oubli. Quelques-uns sont faibles, mais ce n'est sans doute qu'une ébauche.

Les voici, tels qu'ils sont imprimés dans les *Annales :*

(1) T. XII, p. 241.

FRAGMENT INÉDIT.

Ah ! ne le croyez pas que par moments j'oublie
Et mon cœur et l'amour, extase, poésie,
Vous surtout, belle et douce à mes rêves secrets,
Vous dont les purs regards font les miens indiscrets.
Sans doute c'est plaisir d'oublier à son aise
La tenace douleur qui déchire ou qui pèse,
Les ennuis au fiel noir, l'argent que l'on nous doit,
L'avenir et la mort qui nous montre du doigt,
Tout ce qui se résout en larmes chez les femmes...
Les petits maux souvent veulent de fortes âmes.
Mais aussi dans la paix, voluptueux penseur,
Je suis de ma mémoire absolu possesseur ;
Je lui prête une voix, puissante magicienne,
Comme aux brises du soir, une harpe éolienne !
Et chacun de mes sens résonne à cette voix.
Mon cœur ment à mes yeux, absente je vous vois.
Alors je me souviens des amis que je pleure,
Des temps qui ne sont plus, d'un espoir qui me leurre,
De la riche nature apparue à mes yeux,
De mes songes d'hier toujours vains, mais joyeux,
De mes projets en l'air... Que sais-je ? Galatée
De marbre, qui s'anime aux feux de Prométhée...
Ce qui me rit un jour, plus tard je m'en souvien,
Trop oublieux du mal, et souvenant du bien.

ANDRÉ CHÉNIER.

Et, bien entendu, Monsieur, la signature d'André Chénier est en toutes lettres dans les *Annales*.

Vous le voyez, Monsieur, quand les moissonneurs ont rentré la moisson dans la grange, les glaneurs peuvent encore, sous les regards d'un beau ciel, recueillir quelque blonde gerde d'épis. Toutefois il est nécessaire de se tenir sur ses gardes. Il faut un esprit critique toujours en éveil pour éviter de s'égarer sur de fausses traces. Du vivant d'André et de Marie-Joseph, on a souvent dans les journaux confondu les deux frères (1) ; et la même confusion s'est fréquemment reproduite après leur mort. En voici un exemple assez piquant, puisqu'il nous est fourni par un professeur de rhétorique, auquel par conséquent il était interdit de commettre une pareille erreur. Dans un petit volume de la bibliothèque Philippart, intitulé : *Éléments de Rhétorique*, par J. Lingay, les vers suivants sont cités comme d'André Chénier :

> C'est le bon sens, la raison qui fait tout :
> Vertu, génie, esprit, talent et goût.
> Qu'est-ce vertu ? raison mise en pratique ;
> Talent ? raison produite avec éclat ;
> Esprit ? raison qui finement s'exprime ;
> Le goût n'est rien qu'un bon sens délicat ;
> Et le génie est la raison sublime.

Or ces vers sont, non pas d'André Chénier, mais de Marie-Joseph. On les trouvera dans le *Discours sur la Raison* (2). La même confusion pourra d'ailleurs se produire pour les manuscrits des deux frères ; c'est ainsi que dans une collection d'autographes j'ai vu attribués à André Chénier les manuscrits des deux

(1) On a un exemple de cette confusion dans la note insérée par le *Moniteur* du 6 août 1792. Le rédacteur confondant les deux frères avait accouplé André Chénier et Collot d'Herbois. Voy. *Œuvres en prose*, 1872, p. XLV.

(2) *Œuvres posthumes*,, t. II, p. 428, édition de 1825-1826.

odes de Marie-Joseph, intitulées *la solitude de Saint-Maur* et *Ermenonville* (1). L'erreur pourrait malheureusement se produire pour des œuvres moins connues que celles de Marie-Joseph ; dans ce cas on serait exposé à de longues et peut-être à de vaines recherches, et on risquerait d'introduire dans l'œuvre d'André des vers qui ne seraient pas de lui. Heureusement, quand il s'agit d'autographes, l'examen de l'écriture suffit à protéger la critique contre toute chance d'erreur.

(1) Ces deux pièces, après avoir fait partie du cabinet de M. Labouchère, ont été léguées par celui-ci à la bibliothèque de Nantes, où elles sont encore désignées comme étant des manuscrits d'André Chénier.

IV

J'arrive, Monsieur, aux manuscrits, et je me propose de faire passer devant vos yeux tous ceux dont il m'a été possible de retrouver la trace. Si vous le voulez bien, nous suivrons un certain ordre : les notes manuscrites, les lettres et les œuvres poétiques.

Je vous rappellerai d'abord cette découverte, précieuse entre toutes, de l'exemplaire de Malherbe annoté par André Chénier. C'est un volume édité par Barbou en 1776, petit in-8°, avec une vie de Malherbe et quelques notes par Meunier de Querlon. Constantin Chénier s'en défit avec une partie de sa bibliothèque, *par mégarde*, ajoute la famille, ce que j'accorde volontiers, car c'est ainsi et non volontairement qu'on égare ou qu'on perd un objet précieux ; et il arriva, vers 1840, entre les mains de M. Tenant de Latour, votre père. Le public dut à cette heureuse circonstance de connaître ce commentaire curieux et instructif d'André Chénier. Il fut en effet imprimé en 1842, joint à une édition de Malherbe qui restera un des volumes les plus recherchés de la bibliothèque Charpentier. Vous y aviez attaché votre nom, Monsieur, en écrivant une vie de Malherbe. En 1863, à la vente Tenant de Latour, ce volume fut adjugé 610 francs et entra dans la bibliothèque de M. Odiot, à la vente duquel il atteignit le prix de 1600 francs. Ce commentaire, écrit avec beaucoup de soin et de netteté, n'offre pas une seule rature, ce qui porte à croire, ainsi que l'a dit justement M. votre père « qu'André Chénier commençait par faire, sur un papier à part, les brouillons de ses notes pour les reporter ensuite sur les marges du livre ».

Ce volume n'est pas le seul sur lequel on ait retrouvé des notes manuscrites d'André. Chardon de la Rochette a possédé un exemplaire des *Arati Phænomena*, publiés par Fell en 1672, sur lequel André Chénier avait transcrit une note de Valckenaer, imprimée d'abord dans les premières feuilles des *Fragmenta elegiarum Callimachi*, mais ensuite omise dans la publication définitive de cet ouvrage posthume. Ce passage de Valckenaer est précédé d'une longue note latine d'André Chénier, que j'ai publiée dans les éditions de 1862 et de 1872. Cette note était écrite sur le verso du titre de la seconde partie de l'*Aratus* de

Fell. Je n'en rappellerai ici que la dernière phrase touchante : « Scribebam Versaliæ, animo et corpore æger, mœrens, dolens, die novembris undecima 1793. Andreas C. Byzantinus. » Je ne sais ce qu'est devenu ce volume ; on peut espérer le retrouver parmi les collections Chardon de la Rochette, conservées à la Bibliothèque nationale, dans le département des manuscrits. C'est Chardon de la Rochette lui-même qui l'avait fait connaître le premier dans le *Magasin encyclopédique* (1).

Je passe aux lettres d'André Chénier, que recherchent en vain les collectionneurs d'autographes, car elles sont d'une excessive rareté. On n'en peut signaler que trois. La première, qui figurait sur le catalogue des livres et autographes de M. Auguis, fut vendue 21 francs le 22 octobre 1827. Je ne sais dans quelle collection elle peut être aujourd'hui, mais depuis cette époque elle n'a reparu dans aucune vente. La seconde est une pièce historique : c'est la lettre qu'André Chénier adressa à Stanislas Poniatowski, roi de Pologne. C'est un manuscrit de quatre pages in-4°. Elle est signée et datée de Paris, 18 no-

(1) 5e année, tome Ier, p. 388.

vembre 1790. Cette lettre précieuse (1), vendue 25 fr. 50 en 1835, quand elle sortit de la bibliothèque Curée, fut revendue 103 francs en 1855, et passa du cabinet de M. Duplessis dans la collection de M. Chambry, que conserve pieusement madame veuve Chambry.

La troisième lettre enfin fut donnée (2) par M. Gabriel de Chénier à M. Feuillet de Conches, qui eut l'obligeance de me la communiquer, et je la publiai dès 1862. Elle est adressée à M. de Chénier père et datée de Londres, 24 novembre 1789. Elle est signée *Chénier de Saint-André*. Depuis, cette lettre est entrée dans le cabinet de M. Fillon, à la vente duquel, au mois de juillet 1878, elle a atteint le prix élevé de 600 francs.

Quelques lignes m'ont suffi, Monsieur, pour passer en revue les lettres d'André Chénier. Peut-être dans l'avenir en surgira-t-il de nouvelles. Toutefois, il ne faut pas nourrir de grandes espérances. Beaucoup de ses lettres ont pu et même ont dû être détruites par

(1) Il me semble toutefois que cette lettre doit être une copie, faite par André Chénier lui-même, de celle qui fut envoyée au roi de Pologne.

(2) Pour parler plus exactement, cette lettre fut échangée contre un Mémoire de Sauveur, en possession duquel M. G. de Chénier tenait à rentrer.

ses amis, à une époque où chacun se sentait sous le coup d'une visite domiciliaire. Je me figure d'ailleurs qu'André était un peu paresseux à écrire. On en a un témoignage dans l'épître en vers que lui adresse Alfieri, et dans laquelle celui-ci se plaint de la paresse et du long silence de son ami.

Restent les manuscrits des poésies. Là, on peut se promettre de plus importantes découvertes, ainsi que vous le verrez, Monsieur, dans les lettres suivantes, car dans celle-ci je voudrais me contenter de mentionner les manuscrits de trois courts fragments.

Le premier était resté ignoré jusqu'en 1864, où M. Anatole France le publia dans l'*Intermédiaire des chercheurs et des curieux*, numéro du 10 août. C'était un fragment de dix vers sur Proserpine, traduit du quatrième livre de l'*Enéide*. Ces vers avait été copiés sur le manuscrit même d'André Chénier. La publication de ce fragment donna lieu à une polémique (dans les numéros du 31 août 1864 et du 25 octobre 1865) entre M. Gabriel de Chénier et le bibliophile Jacob. M. Gabriel de Chénier prétendait que ce fragment ne pouvait être d'André Chénier parce que celui-ci n'écrivait jamais sur ses livres. Il oubliait le *Malherbe* et l'*Aratus* de Fell, et encore un autre fragment, écrit sur la garde d'un livre, et qu'il aurait dû connaître, puisqu'il avait été publié en 1819.

Il s'agit du morceau de dix vers écrit en Angleterre et daté de Londres, décembre 1787 :

Sans parents, sans amis, et sans concitoyens.

Je n'ai pu encore en voir le manuscrit (1), mais j'en puis parler d'après la description qu'a eu l'amabilité de m'en faire M. Prosper Blanchemain. « Cette pièce, m'écrit-il, a été trouvée sur la garde d'un livre ayant appartenu au comte de la Luzerne, ambassadeur de France à Londres. Elle est écrite au crayon, datée et signée. Je l'ai vue bien des fois chez mon cher et savant ami, le peintre Jules Boilly, grand amateur d'autographes. »

Ce petit manuscrit aurait besoin d'être examiné encore avec attention à cause de la date. L'édition 1819 le datait de l'année 1782, ce qui n'était pas possible. En 1862, j'ai corrigé cette date, mais on peut hésiter entre 1787 et 1788. M. Prosper Blanchemain, à qui je soumis cette difficulté, me répondit que ses souvenirs ne lui permettaient pas de la trancher : « La pièce

(1) J'en ai même absolument perdu la trace. Il m'a été impossible de retrouver le nom de la personne qui a acquis cet autographe à la vente Boilly.

est datée et signée, me répéta-t-il, mais, quant à la date, je ne pourrais la préciser. »

Vous connaissez, Monsieur, le petit fragment imité de Thomson :

Ah ! prends un cœur humain, laboureur trop avide.

Le manuscrit appartient à M. de Malherbe et lui a été donné par M. G. de Chénier, son parent. Le texte est conforme à celui des éditions. Toutefois je veux vous signaler un détail important pour la classification des œuvres d'André Chénier. J'ai déjà fait remarquer, dans les *Documents nouveaux*, que M. G. de Chénier avait souvent placé arbitrairement en tête, soit des Élégies, soit des Idylles, les mots grecs abrégés 'Ἐλεγ. ou Βουκ. Ce petit fragment confirme cette observation : en effet, il ne porte pas en tête la syllabe Βουκ. que lui a imposé l'éditeur de 1874.

Dans une prochaine lettre, Monsieur, j'aurai à vous entretenir de pièces plus importantes.

V

J'ai devant les yeux, Monsieur, une de vos aimables lettres, dans laquelle vous m'interrogiez au sujet du manuscrit de la *Jeune Captive*, que, disiez-vous, vous aviez vu passer dans une vente il y a quelques années. Je n'étais pas alors en mesure de vous répondre. Aujourd'hui je puis vous donner quelques renseignements précis sur cette pièce célèbre ; mais malheureusement il me faudra constater qu'il reste bien peu de chances de retrouver un jour ce précieux manuscrit (1).

André composa la *Jeune Captive* pendant qu'il était à Saint-Lazare, et en remit le manuscrit à Millin, qui partageait alors sa détention avec Montrond et la charmante mais volage duchesse de Fleury. Ce fut Millin qui communiqua cette pièce à la *Décade philosophique* (20 nivôse, an III). L'année suivante, elle fut reproduite dans l'*Almanach des Muses*, et Millin la fit encore réimprimer dans le *Magasin encyclopédique*

(1) J'écrivais cela il y a deux ans. Depuis j'ai eu le bonheur de retrouver ce manuscrit. Voyez le *Post-scriptum*.

(tome VI). Je ne saurais dire ce que devint le manuscrit à la mort de Millin, mais il finit par arriver dans le cabinet de M. Laverdet, le prédécesseur de M. Gabriel Charavay.

En 1856, M. Laverdet fit une vente (21-29 janvier) et le manuscrit de la *Jeune Captive* fut acquis, au prix de 100 francs, par M. Giraud de Savine, bibliophile et collectionneur d'autographes. J'espérais le retrouver entre ses mains. Mais, hélas ! la mémoire de M. Giraud de Savine s'est beaucoup affaiblie après les événements de 1870-1871. Il me fit admirer ses livres, sujet cependant toujours présent à son esprit ; mais il ne put me fournir aucun renseignement sur le manuscrit de la *Jeune Captive*. Il l'avait eu ; mais, pendant la Commune, sa maison, disait-il, avait été pillée (sauf ses livres, il me semble) ; et ses autographes avaient été ainsi, ajoutait-il, dispersés ou anéantis. Tels de grands fleuves disparaissent soudain dans les entrailles du sol. Tous les objets qu'on y laisse tomber sont entraînés dans le gouffre et ne reparaissent jamais à la lumière.

Après avoir constaté cette perte, quelque peu mystérieuse, je reconnus tout le prix de l'exactitude avec laquelle M. Laverdet avait décrit cette pièce sur son catalogue, où elle figurait sous le numéro 233 : « Ode pour une jeune captive. Neuf stances de six vers. Deux grandes pages pleines et un quart de page in-4°. La fin de la troisième est occupée par une notice biographique. »

Nous avons là le titre exact porté sur le manuscrit : *Ode pour une jeune captive.* Et nous pouvons constater qu'il n'a rien été retranché à cette pièce, puisque dans toutes les éditions elle se compose de neuf stances de six vers. Quant au texte, il faut définitivement s'en tenir à celui donné par Millin. Et c'est très probable-Millin qui avait ajouté sur le manuscrit quelques renseignements biographiques dont la perte est regrettable.

L'*Ode à Charlotte Corday* nous dédommagera. Le manuscrit de cette ode avait été donné par Latouche à M. le marquis de Châteaugiron, dont la célèbre collection fut dispersée en 1851 (15-30 octobre). L'autographe d'André Chénier fut vendu 109 francs. Je n'ai pas, je l'avoue, fait beaucoup d'efforts pour retrouver ce manuscrit, par suite de cette heureuse circonstance que cette pièce, communiquée par M. de Châteaugiron, a été reproduite tout entière en *fac simile* dans la seconde édition de l'*Isographie des hommes célèbres*, parue en 1844. Quelle fut ma surprise lorsque je collationnai le texte de cette ode sur le *fac simile !* Latouche, après avoir fait deux légères corrections, avait supprimé une strophe tout entière. Il est facile de se rendre compte du sentiment délicat auquel a obéi l'éditeur de 1819, car la strophe supprimée, l'avant-dernière, ne contient pas moins qu'un appel à l'assassinat politique. Aujourd'hui, sans doute, nous avons nos divisions et nos haines, mais nous pouvons juger plus froidement celles de nos pères. Et quand on aura constaté que les idées de vengeance et de représailles peuvent troubler les âmes les plus hautes, il faudra bien convenir que l'exécrable personnage de Marat ne pouvait que soulever dans le cœur d'André Chénier les débordements de la plus noire colère.

Je vous indiquerai d'abord, Monsieur, deux corrections : l'une est légère et porte sur le dernier vers de la neuvième strophe qu'il faut lire :

> A foudroyer les monts et soulever les mers ;

l'autre est plus importante et rétablit heureusement le dernier vers de la deuxième strophe :

> Calme sur l'échafaud, tu méprisas la rage
> D'un peuple abject, servile et fécond en outrage,
> Et qui se croit alors et libre et souverain.

Alors, qui nous est donné par le manuscrit, est bien

préférable à *encore*, qui est la leçon de 1819. Et maintenant, Monsieur, je vous citerai les trois dernières strophes de cette pièce, encadrant ainsi la douzième qui manque dans toutes les éditions :

La vertu seule est libre. Honneur de notre histoire,
Notre immortel opprobre y vit avec ta gloire ;
Seule, tu fus un homme et vengeas les humains !
Et nous, eunuques vils, troupeau lâche et sans âme,
Nous savons répéter quelques plaintes de femme,
Mais le fer pèserait à nos débiles mains.

Non, tu ne pensais pas qu'aux mânes de la France
Un seul traître immolé suffît à sa vengeance,
Ou tirât du chaos ses débris dispersés.
Tu voulais, enflammant les courages timides,
Réveiller les poignards sur tous ces parricides,
De rapine, de sang, d'infamie engraissés.

Un scélérat de moins rampe dans cette fange.
La vertu t'applaudit ; de sa mâle louange,
Entends, belle héroïne, entends l'auguste voix.
O Vertu ! le poignard, seul espoir de la terre,
Est ton arme sacrée, alors que le tonnerre
Laisse régner le crime et te vend à ses lois.

Voilà donc enfin une pièce importante entièrement reconstituée et dont le texte est définitivement fixé. Comme vous le verrez par la suite, Monsieur, c'est là une heureuse rencontre qui ne restera pas isolée. J'avais bien parcouru, il y a longtemps, l'*Isographie;* mais on ne s'avise jamais de tout : je n'avais consulté que la première édition. C'est M. P. Blanchemain qui m'indiqua le *fac simile* dont s'était enrichie la seconde édition.

Je passe sans transition, monsieur, à un autre sujet, et désormais je n'ai à vous entretenir que de pièces dont j'ai vu et tenu le manuscrit.

Je possède un fragment précieux de l'*Amérique*, que je dois à l'amabilité d'Émile Deschamps, à qui Latouche l'avait donné jadis. C'est le célèbre morceau sur La Peyrouse composé vers 1793. Il contenait onze vers inédits, que je publiai en 1862, et il débute ainsi :

Magellan, fils du Tage, et Drake et Bougainville, etc.

Dans la première rédaction de ce superbe fragment de trente-sept vers, Chénier avait laissé une lacune de deux vers entre le cinquième et le huitième, qui étaient ainsi faits :

L'attire entre les bords d'Asie et d'Amérique,
. . . .
. . . .
Il succombe, il n'est plus. Sa grande âme indignée...

Plus tard, revenant sur ce morceau et le complétant, il a corrigé les vers 5 et 8 et rempli ainsi la lacune :

L'attire, entre l'Asie et la vaste Amérique,
En des ports où jadis il entra le premier.
Là, l'insulaire ardent, jadis hospitalier,
L'environne ; il périt. Sa grande âme indignée, etc.

Puis il a corrigé le trente-deuxième vers qui était ainsi fait :

Ta femme à l'espérance, à ses vœux enchaînés ;

Enfin il a mis à la fin de ce fragment sa signature : *André Chénier*.

J'ai sans doute l'air, Monsieur, d'arrêter votre attention sur de très-minimes détails. Il n'en est rien, et voici une remarque qui prendra plus loin une importance considérable. Tout le morceau, dans sa première rédaction, est d'une encre nettement et franchement noire, tandis que les corrections et les vers 6 et 7 sont, ainsi que la signature, d'une encre très-pâle, ou qui, d'une autre nature, s'est depuis fortement décolorée. La différence entre les deux encres, est aussi sensible que si André Chénier, après avoir écrit avec de l'encre noire, s'était ensuite servi d'encre rouge. Je ne veux pour le moment conclure de cette remarque que ceci : c'est qu'à un moment, postérieur à la première rédaction de ce fragment, le poète, revenant sur ce morceau de l'Amérique, le corrigeant et le complétant, s'est servi d'une encre très-pâle ou facilement altérable ; et nous pourrons fixer ce moment approximativement à la fin de 1793 ou au commencement de 1794 (1).

(1) Les dernières nouvelles qu'on ait reçues de La Peyrouse sont datées du 5 février 1788; donc, puisque six ans se sont écoulés

Je vous prie donc, Monsieur, de retenir ce détail dont vous apprécierez l'importance dans la suite, car c'est lui qui nous permettra d'établir qu'André Chénier, à une certaine époque de sa vie, vers la fin de 1793 ou le commencement de 1794, corrigea, révisa, classa et numérota un certain nombre de ses manuscrits, en vue sans doute d'une publication.

Post-scriptum (décembre 1880). — Je me vois, Monsieur, dans l'heureuse obligation de faire une rectification à cette lettre que je vous écrivais, il y a deux ans. J'ai ressaisi les traces du manuscrit de *La Jeune captive*. Le doute que m'avait laissé dans l'esprit le récit de M. Giraud du Savine était fondé. Ce manuscrit, loin d'avoir été détruit pendant la Commune, était passé, dès 1856, des mains de M. Savine, qui n'était qu'un intermédiaire sans doute, dans celles de

(v. 16) sans qu'on soit informé au moins de sa mort, le morceau a été composé dans le courant de l'année 1793. Au moment où il écrivait d'ailleurs Entrecasteaux courait la mer à la recherche de son ami (v. 25), ce qui nous reporte à la fin de 1792 ou à l'année 1793, puisque l'expédidion, partie de Brest à la fin de septembre 1791, ne quitta le Cap que le 16 février 1792, et ne commença en réalité ses recherches que dans le courant de juin en se dirigeant sur la Nouvelle-Calédonie. On voit donc que ce morceau a dû être écrit dans le courant de 1793. Les corrections étant postérieures sont par conséquent de la fin de 1793 ou du commencement de 1794 avant l'époque de l'arrestation de Chénier.

M. Dobrée, de Nantes, qui le possède encore. M. Dobrée a eu l'obligeance de m'écrire une longue lettre à ce sujet et de m'envoyer une copie du manuscrit, dans laquelle sont scrupuleusement respectées toutes les particularités d'orthographe, de ponctuation, etc. Le manuscrit ne fournit qu'une leçon nouvelle. Dans l'avant-dernière strophe, il faut lire, avec le passé défini au lieu de l'imparfait :

Aux douces lois des vers je pliai les accents
De sa bouche aimable et naïve.

Quant à la notice biographique, elle n'a malheureusement aucun intérêt. Ce n'est qu'une banale déclamation contre les bourreaux du poète. Encore une pièce, Monsieur, et une des plus importantes, dont le texte est fixé définitivement.

VI

Voulez-vous, Monsieur, m'accompagner à l'Arsenal ? C'est un peu à l'autre bout du monde, c'est de Paris que je veux dire, mais la gracieuseté de l'accueil nous dédommagera de la longueur du chemin. Nous aurons le plaisir d'y trouver l'homme le plus aimable et le plus érudit qui soit, toujours empressé d'être utile, prodiguant à tous ceux qui s'adressent à lui les trésors de sa mémoire, fruit d'une immense lecture, et le charme d'une conversation variée, abondante, instructive, toujours ouverte aux questions d'autrui ; je vous ai nommmé, Monsieur, le bibliophile Jacob.

Nous lui demanderons de vouloir bien obtenir de madame Lacroix la communication du manuscrit d'André Chénier qu'elle possède. C'est la première élégie de l'édition de 1819, mais qui devra devenir désormais la cinquième. Ce manuscrit avait été donné par Latouche à Sainte-Beuve, qui, en 1837, en fit hommage à madame Lacroix, à la suite d'une conversation au cours de laquelle avait été évoqué le souvenir de ces jolis vers d'André Chénier (1). Ce manuscrit présente une particularité qui pendant longtemps est restée un mystère, mais dont aujourd'hui je puis fournir l'explication. Voici en effet la disposition qu'il présente, avec les deux mots jusqu'ici inexpliqués :

ÉLÉGIE.

5

A Fondat.

Abel, doux confident de nos jeunes mystères,
Vois, mai nous a rendu nos courses solitaires, etc.

Or, les mots *Elégie, à Fondat*, sont écrits de la même encre que toute la pièce, tandis qu'au contraire le chiffre 5 est de cette encre pâle sur laquelle j'ai précédemment appelé votre attention. Nous pourrons conclure de cette remarque qu'il fut ajouté postérieurement à la composition de l'élégie, à une époque

(1) Voici la lettre de Sainte-Beuve, qui accompagnait l'autographe, et que M. P. Lacroix a eu la bonté de me communiquer :

Dimanche, ce 8.

« Il se trouve que les vers autographes que j'ai d'André Chénier sont précisément ceux que vous vouliez me rappeler l'autre jour. Cela m'a paru une rencontre singulière et une manière toute indiquée de mettre le *signet* à une conversation, qui m'est restée si précieuse. Mardi, vous me montrerez votre André Chénier, et la petite feuille sera à la page de *mai*, n'est-ce pas ?

« Recevez, Madame, l'hommage de toutes mes respectueuses et vraies affections.

SAINTE-BEUVE. »

que le fragment sur La Peyrouse nous a autorisés à placer vers les années 1793-1794.

J'arrive maintenant au déchiffrement de l'énigme, qui va faire apparaître un nouveau personnage dans la biographie d'André Chénier. On s'était demandé jusqu'alors quel était cet *Abel* dont il est souvent fait mention dans les Elégies. On avait d'abord pensé que ce pouvait être un des frères de Pange ; mais c'est une hypothèse que je dus abandonner après la publication des *Œuvres de François de Pange.* Tout ce que l'on pouvait savoir c'est qu'il avait été un condisciple d'André, de Marie-Joseph et des deux Trudaine :

Abel, mon jeune Abel, et Trudaine et son frère,
Ces vieilles amitiés de l'enfance première... etc.

Eh bien, cet *Abel* devra désormais porter le nom de *chevalier de Fondat.* C'était Abel-Louis-François de Malartic, né le 16 novembre 1760, selon les *Archives de la Noblesse* de Lainé. Il fut conseiller au parlement de Paris, puis maître des requêtes. Il mourut en 1804. C'était le second fils de Jean de Malartic, vicomte du nom, écuyer, *sieur de Fondat.* Son frère aîné, Jean-Baptiste-Abel de Malartic, a laissé un descendant, M. le comte de Malartic, qui possède encore aujourd'hui la terre de Fondat, dans le département des Landes. C'est là, c'est à Fondat même, parmi les archives privées de la famille de Malartic, qu'il me reste quelque espoir encore de retrouver les traces de l'amitié qu'André avait vouée à son jeune Abel. M. le comte de Malartic, dont je ne saurais assez reconnaître l'aimable empressement, doit visiter avec attention ses papiers de famille aussitôt que quelques jours de loisir le ramèneront au château de Fondat.

Abel a laissé des enfants ; mais ceux-ci, ayant perdu leur père de bonne heure, n'ont plus en leur possession aucun document remontant à cette époque. Cependant M. Charles de Malartic, le troisième des fils d'Abel, nous confirme que son père a été élevé au collége de Navarre.

Au sujet de ce nom de *Fondat*, M. le comte de Malartic me fournit ce renseignement précieux : « Abel-Louis-François, m'écrit-il, portait, suivant l'usage du temps, le nom de la terre de Fondat, bien que celle-ci soit restée en la possession de son frère aîné. » Et en effet, si nous ouvrons l'*Almanach royal* de 1790 (page 250), nous y trouverons mentionnés les deux frères parmi les maîtres des requêtes. L'aîné, demeurant rue Sainte-Anne, est porté sous le nom de Malartic ; il avait été nommé en 1785, et, ajoutons-le, avait précisément alors cédé son office de conseiller au parlement à Trudaine de Montigny. C'est un détail que nous avions déjà relevé, sans en apercevoir alors l'importance, dans les *Œuvres en prose d'André Chénier* (p. XIV). Un peu plus loin nous trouvons *de Malartic de Fondat*, demeurant passage des Petits-Pères ; et c'est sous le même nom, *Abel-Louis-François Malartic de Fondat* que nous le voyons mentionné dans le *Journal de Paris*, du 24 octobre 1787, où il est indiqué comme venant d'être pourvu (sceau du 18 octobre) de l'office de maître des requêtes.

Voilà donc enfin comblée une lacune regrettable dans la biographie d'André Chénier ; et je suis sûr, Monsieur, que vous ne regrettez pas votre visite à l'Arsenal. Le petit manuscrit qui a fini par livrer son secret est, comme vous le voyez, un des plus intéressants. A la fin est placée horizontalement une petite accolade, et au-dessous se trouve le nombre 24, qui est celui des vers de la pièce ; c'est encore une particularité que nous retrouverons sur d'autres manuscrits. Celui-ci est très-nettement écrit, ne porte qu'une légère correction, et par là témoigne que cette pièce a probablement été recopiée par André Chénier sur un premier manuscrit qu'il a détruit ou qui s'est perdu.

VII

Je passe, Monsieur, à l'histoire de trois autres manuscrits, dont l'un contient un morceau important qui est resté inédit.

Une des plus belles collections d'autographes connues était celle de M. Boutron-Charlard. Aussi il eût été bien étonnant qu'il ne possédât pas de manuscrit d'André Chénier. Celui que j'ai trouvé dans sa collection, et qu'il a eu l'obligeance de me communiquer, lui avait été donné par Henri de Latouche. C'est le manuscrit de la vingt-neuvième élégie de 1819. Mais une légère modification dans l'ordre des pièces sera ici nécessaire. Le nombre 29 qui se trouve placé après le mot *Elégie* me paraît être dû à une surcharge de Latouche. Le 2 est certainement de la main d'André tandis que le 9 semble avoir été primitivement un zéro auquel Latouche a ajouté une queue d'une façon assez visible. D'ailleurs, ainsi que vous le verrez plus loin, Monsieur, c'est une autre élégie qu'André avait désignée comme devant être la vingt-neuvième. Le premier éditeur a fait trois corrections dans les premiers vers de cette pièce. Je vous demanderai la permission d'en transcrire tout le commencement en suivant exactement le texte du manuscrit :

Et c'est Glycère, amis, chez qui la table est prête ?
Et la belle Saxonne est aussi de la fête ?
Et Rose que jamais ne lassent les désirs,
Et dont la danse molle aiguillone aux plaisirs ?
Et sa sœur, aux accents de sa voix la plus rare,
Mêlera, dites-vous, les sons de la guitare ?
Et nous aurons Julie, au rire étincelant,
Au sein plus que l'albatre et solide et brillant ?
Certe, en pareille orgie autrefois je l'ai vue,
Ses longs cheveux épars, courante, demi-nue :
En ses bruyantes nuits Cythéron n'a jamais
Vu Ménade plus belle errer dans ses forêts.

Au second vers, André avait d'abord mis un nom ; il l'a ensuite surchargé du mot *Saxone* (*sic*) écrit en gros caractères et qui indiquait la nationalité ; puis il a rayé le mot *Saxone*, qui ne le satisfaisait probablement pas ; mais il ne l'a pas remplacé, et c'est Latouche qui a porté au-dessus le mot *Amélie*, remplissant ainsi, il faut le reconnaître, un *desideratum* du poète. En faisant imprimer cette pièce, l'éditeur a encore fait deux corrections, que d'ailleurs il n'a pas portées sur le manuscrit. Au sixième vers il a imprimé *unira*, au lieu de *mêlera*, et au neuvième, *fête* au lieu de *orgie*.

Quand André Chénier transcrivit cette élégie, arrivé au douzième vers il se trompa, sauta deux vers et continua par le quinzième : *Quel orage suivra ce banquet ;* mais il s'aperçut de son erreur, biffa ce commencement de vers et écrivit à côté : « J'oublie toujours quelque chose. » Puis il reprit au treizième vers : *J'y consens*, etc., et continua jusqu'à la fin de la pièce.

Or la pièce a cinquante-quatre vers ; pensez-vous qu'André Chénier l'ait d'abord composée tout entière de mémoire, puis l'ait écrite *sans rature, sans correction*, telle que nous la voyons sur ce manuscrit ? Non ; à un moment de sa vie il recopia cette élégie, la mit au net, et c'est dans ce travail où un poète est naturellement porté à écrire au courant de sa mémoire, qu'André commit le léger oubli qu'il a immédiatement constaté. Ainsi ce manuscrit témoigne d'un premier manuscrit antérieur aujourd'hui perdu, ou, je le répète, détruit peut-être pas André Chénier lui-même.

Ce manuscrit est assez étroit ; il n'a que neuf centimètres de large ; c'est évidemment la moitié d'une grande feuille in-4°. L'écriture est très-nette, sans hésitation ; la pièce a été recopiée d'un trait. Seul le recto est écrit ; sans doute l'élégie continuait sur le verso ; mais la feuille ayant été coupée en deux, chaque moitié a emporté ce qu'elle contenait. La moitié que possèdait M.Boutron-Charlard est remplie par les quarante-quatre premiers vers.

Eh bien ! Monsieur, j'ai eu le bonheur de retrouver le manuscrit de la fin de cette pièce dans la riche collection de M. Dubrunfaut. Il contient les dix vers qui terminent l'élégie ; et à la fin se trouve placée horizontalement une petite accolade au-dessous de laquelle se trouve le nombre 54, qui est celui des vers de l'élégie. Ajoutons que ce manuscrit porte la signature : *André Chénier*, en tous points semblable à celle qui termine le fragment sur La Peyrouse.

La demi-feuille sur laquelle ces vers ont été écrits a été rognée ; elle est beaucoup moins longue et moins large que la demi-feuille qui contient les quarante-quatre premiers vers. Aussi reste-t-il moins de blanc à la droite des vers que dans le manuscrit de M. Boutron-Charlard. Ajoutons que ce petit manuscrit, qui ne fournit pas de leçons nouvelles, a eu des fortunes diverses. Coté 15 francs en 1856 dans le *Bulletin Charavay*, où il figurait sous le numéro 7,305, il fut compris dans une vente que fit M. Étienne Charavay en 1858, fut vendu 10 francs et entra dans le cabinet de M. Amédée René. M. Dubrunfaut l'acheta 20 francs à la vente Amédée René, qui eut lieu en 1860 (6-8 février).

Pour un tel amateur, ce manuscrit n'avait qu'une médiocre importance ; aussi M. Dubrunfaut saisit-il l'occasion de faire entrer dans sa collection une pièce qui en fût vraiment digne. Il se rendit acquéreur, le 24 avril 1876, à la vente Rathery, au prix de 60 francs, d'un précieux autographe qui avait été adjugé 49 francs quelques années auparavant, en 1856 (16-17 janvier), dans une vente qu'avait faite M. Étienne Charavay. Cette pièce, Monsieur, n'est autre que le « *Canevas autographe de l'Hymne à la France*, deux pages in°-8, légèrement tachées d'humidité. » Telle était du moins la description qu'en donnait le catalogue.

Quant à l'aspect matériel du manuscrit, nous devons dire, sans les précautions obligées d'un catalogue de vente, qu'il est fortement détérioré par l'humidité. Le centre n'existe pour ainsi dire plus, et un mot a presque entièrement disparu.

En ce qui concerne la destination de ce morceau, nous avions conjecturé jadis que peut-être il était destiné à entrer dans le vaste poème de l'*Amérique*, où

André, comme on peut le voir par ses notes, voulait placer une description minutieuse de toute la France. Eh bien, c'est une conjecture qu'il faut abandonner. La description et l'éloge de la France eussent sans doute été traités différemment dans ce poème; car l'*Hymne à la France* est bien décidément une pièce à part et indépendante. Mais d'abord c'est Latouche qui a donné à cette pièce, et non sans raison d'ailleurs, le titre d'*Hymne à la France*. Le seul titre, placé en tête du canevas, est *hym. just.*, c'est-à-dire *Hymne à la Justice*, titre que cette pièce devra désormais conserver.

Le manuscrit est une feuille de papier in-8°, écrite au recto et au verso. Le recto contient, outre le titre, les vingt et une premières lignes du canevas ; le verso, neuf lignes seulement, ce qui nous conduit jusqu'au quatre-vingt-huitième vers de la pièce. Ensuite, la seconde partie du verso est occupée par les dix premiers vers de l'hymne, en tête desquels est écrit : Ier, c'est-à-dire mise en vers de la première partie du canevas. Et en effet, la dernière partie, comprenant seulement quelques lignes, est restée entre les mains de M. Gabriel de Chénier ; on la trouvera dans l'édition de 1874, au tome troisième, page 213.

Voici ce morceau resté jusqu'ici inconnu. Nous avons enfermé entre crochets deux mots dont l'un, composé de quelques traits effacés, est illisible, et dont l'autre a disparu avec le papier par suite de l'humidité.

HYMNE A LA JUSTICE.

France, ô belle contrée, ô terre généreuse, que le ciel indulgent forma pour être heureuse, le Nord ne .. le Midi ne... Tu n'as point de ces arbres dont l'ombre est mortelle... *nec miseros fallunt aconita legentes*... les tigres, les serpents... Tu as des chevaux [renommés] en Poitou... en Limousin... Tes montagnes ont de superbes forêts... La Bourgogne, Champagne, Aquitaine, Pyrénées font mûrir des vignes... La Provence couronne la mer d'oliviers, d'orangers, de citronniers, de grenadiers... Ajoutez mille fleuves, la Seine, la Moselle, l'indomptable Garonne, la Dordogne, [l'Aveyron], la Gironde, la Saône, la Meuse, l'Aude, où j'ai passé mon enfance, la Loire, le Rhône impetueux, fils des Alpes glacées, font partout croître sur leurs rivages les moissons, et les fleurs et les gras pâturages. Dirai-je ces ports sur les deux mers... ces ponts... ces villes florissantes... ce canal du Languedoe... ces beaux chemins que les Trudaine .?.. Tes peuples ont chassé les Anglais, ont *etc*.... La nature les a faits doux, bons, enclins à la joie... mais ils deviennent tristes... O France, trop heureuse si tu savais profiter de ce que les dieux t'avaient donné!... L'Anglais qui a un si beau gouvernement, l'Anglais dont le courage le sauve de tout naufrage, l'Anglais qui t'épie et s'enrichit de tes fautes, t'insulte et triomphe... Oh! combien tes collines tressailliraient de se voir libres et donneraient volontiers leur vin et leur huile pour la liberté .. J'ai vu dans les villages les mendiants... l'image de la misère... les paysans foulés aux pieds par les grands, découragés... impôts, sur le sel, corvées, exacteurs, mille brigands couverts du nom sacré du prince désolant une province et se disputant ses membres déchirés.

Le canevas contient plusieurs vers qui sont passés à peu près intégralement dans la pièce terminée. Il en est un, entre autres, qui nous offre une excellente restitution d'un passage corrigé à tort par Latouche. C'est le vers :

Mille brigands couverts du nom sacré du prince,

Dans ce vers remarquablement précis André Chénier a employé avec beaucoup de force les expressions propres. En imprimant *Vingt brigands revêtus du nom sacré de prince*, l'éditeur avait changé et dénaturé la pensée du poète.

Ne trouvez-vous pas, Monsieur, que ce morceau est bien curieux et méritait d'être mis en lumière ? Comme vous pouvez le remarquer, il n'y a pas de manuscrit d'André Chénier qui n'offre d'excellentes corrections au texte imprimé de ses œuvres.

VIII

C'est un manuscrit curieux et précieux que celui dont je veux, Monsieur, vous entretenir dans cette lettre. Il provient du cabinet de M. le marquis de Loyac, qui certainement le tenait de Latouche. Il a passé pour la première fois en vente le 15 décembre dernier, et il est entré dans la collection de M. Brolemann, qui se l'est vu adjuger au prix de 100 francs. Il était ainsi désigné sur le catalogue : « Deux pièces de vers autographes, deux pages in-4°. Coupure n'atteignant pas le texte. Précieuse pièce contenant les élégies 25 et 29. » Cette description était en apparence très-exacte et conforme à l'aspect que présente l'autographe ; mais voici ce que m'a fait reconnaître une étude attentive de ce manuscrit.

C'est une feuille in-4°, écrite de chaque côté sur la moitié de gauche (1). Sur le côté que, par convention, j'appellerai le recto, se trouve une élégie inédite de

(1) C'est la même disposition que pour la vingtième élégie dont les collections Boutron-Charlard et Dubrunfaut possèdent chacune une partie.

vingt-quatre vers qu'André Chénier avait numérotée 29, et dont Latouche avait d'abord fait la vingt-cinquième, mais qu'ensuite il a définitivement supprimée, en la rayant de quelques traits transversaux et en l'enveloppant d'un trait à côté duquel il a placé le signe qu'en typographie on appelle un *deleatur* (1). A la suite de cette pièce, une coupure a enlevé un rectangle, dont la hauteur représente approximativement une valeur de six vers, et dont la base a la largeur de la demi-feuille, de sorte que cette coupure n'a porté que sur la moitié non écrite du verso.

Voici cette élégie, Monsieur, qui devait être adressée à François de Pange, ainsi que les derniers vers peuvent le faire conjecturer :

ÉLÉGIE.

29

Ami, de mes ardeurs, quoi ! ta plume ose rire (2) !
Quoi ! tu ris de l'amour, tu ris de son empire !
Imprudent, c'est l'amour que tu viens outrager !
Ah ! tremble, malheureux, il aime à se venger.

(1) Il est évident pour moi que Latouche ne s'est pas donné la peine de recopier tous les manuscrits d'André Chénier. Celui dont il s'agit ici a dû aller à l'imprimerie : le signe typographique dont s'est servi Latouche était certainement destiné aux compositeurs, et leur indiquait les passages supprimés par l'éditeur.

(2) Il a dit dans une de ses élégies adressée à de Pange :

Sois heureux et surtout aime un ami qui t'aime ;
Ris de son cœur débile aux désirs condamné.

C'est toi-même aiguiser le trait qu'il te destine ;
Toi-même sous ses pieds c'est creuser ta ruine.
J'ai vu de ces rieurs qui, fiers dans leurs beaux jours,
Insultaient à nos fers, à nos pleurs, aux amours,
Vieux, gémir sous le joug d'une jeune inhumaine ;
Fatiguant leurs habits d'une richesse vaine,
Cachant leurs cheveux blancs, se traîner à ses pieds,
L'accabler de leurs dons mille fois envoyés ;
Et d'une faible voix leurs lèvres palpitantes
Bégayer en pleurant des caresses tremblantes.
Alors en les voyant le jeune homme à son tour
Rit des justes revers de leur antique amour.
Ami, va, c'est un dieu, la force est inutile ;
Cède, c'est un enfant, un enfant indocile (1).
Les destins ont écrit (qui voudrait les blâmer !)
Que plus tôt ou plus tard chaque homme doit aimer,
Le plus tôt vaut le mieux. Ta science ennuyeuse
Te tue. Eteins, crois-moi, ta lampe studieuse (2).
Viens savoir être heureux ; c'est la première loi,
Et, loin de me gronder, viens aimer avec moi.

Encore ici, Monsieur, je vous ferai remarquer que, tandis que le mot *Élégie* et toute la pièce sont de la même encre noire, le nombre 29 a été écrit de cette encre pâle et décolorée dont se servait André Chénier, alors qu'il classait et numérotait ses poésies en 1793 ou 1794.

(1) Comparez avec ce vers isolé (éd. 1874, II, p. 119) :
Obéis ; c'est un Dieu, c'est un enfant colère.

(2) Il n'y a pas à s'y tromper : c'est à de Pange qu'il s'adresse. Dans un des plus beaux morceaux que nous ait fait connaître l'édition de 1874 (I, p. 125), le poète nous représente ainsi son jeune et docte ami, dans son cabinet d'étude :

Sur les doctes feuillets sa jeunesse prudente
Pâlit au sein des nuits près d'une lampe ardente.

En lisant ces vers, Monsieur, peut-être ceux de Tibulle vous sont-ils revenus à la mémoire ; car cette élégie est une imitation d'un passage de la deuxième élégie du livre premier de Tibulle :

At tu, qui lætus rides mala nostra, caveto
Mox tibi ; non uni sæviet usque deus.
Vidi ego qui juvenum miseros lusisset amores,
Post Veneris vinclis subdere colla senem,
Et sibi blanditias tremula componere voce,
Et manibus canas fingere velle comas.

Quant à ce que pouvait primitivement contenir la fin du recto, aujourd'hui disparue par suite d'une coupure, il est assez malaisé d'émettre une hypothèse. Ce que l'on peut affirmer c'est que nous avons l'élégie 29 dans son entier, dans son complet développement. Le vers qui la termine sur le manuscrit est bien un vers final. Donc à la suite, ou il n'y avait rien, ou il s'y trouvait, en tête d'un autre morceau, le mot *Élégie*, puis un nombre que nous ignorons mais qui pourrait avoir été 25, et les deux ou quatre premiers vers de l'élégie qui occupe le verso. Mais il est inutile de pousser plus loin cette hypothèse, et je passe au verso du manuscrit. Il contient trente-quatre vers, dont dix ont été supprimés par Latouche et dont un a été remplacé par des points, et c'est ce verso qui a fourni les vingt-trois premiers vers de la vingt-cinquième élégie de 1819.

Un hasard heureux a ainsi fait tomber entre mes mains une pièce éminemment curieuse ; car cette élégie, la vingt-cinquième de l'édition de 1819 et la vingt-quatrième de l'édition de 1874, est celle qu'André Chénier composa le 23 avril 1782 avant d'aller à l'Opéra. Or, dans les *Documents nouveaux sur André Chénier* (p. 242 et suiv.), j'avais conjecturé, en comparant le texte de M. de Chénier et le texte de Latouche, que celui-ci avait eu entre les mains un manuscrit inconnu à M. de Chénier, tout à fait différent de celui dont il possède encore un morceau ; et que ce second manuscrit devait contenir une deuxième rédaction de l'élégie, postérieure à 1782. Eh bien, Monsieur, le manuscrit que possède M. Brolemann confirme absolument cette conjecture. Le morceau qui manquait à M. Gabriel de Chénier a donc été perdu par lui ou par quelqu'un de sa famille, et l'on peut présumer que d'autres manuscrits ont pu de même s'égarer à une époque qu'il est impossible de fixer.

En effet, dans le texte de M. de Chénier, nous relevons les expressions suivantes : *Que ma déesse...*, *un jour tel est des dieux...*, *que Laïs...*, *de tout cet uni-*

vers..., qui, bien qu'appartenant au fragment perdu, sont confirmées par les notes mêmes d'André Chénier. Or, dans le manuscrit qu'a eu H. de Latouche, ces expressions n'existent plus ; elles ont été corrigées par André Chénier lui-même, sans doute sur l'ébauche ; et le texte du manuscrit que j'ai sous les yeux donne (bien entendu sans qu'il y ait surcharge ou correction) : *que Lycoris..., un jour tel est du sort...*, *que Phryné..., du mobile univers...* Par conséquent Latouche a eu à sa disposition des manuscrits que n'a pas connus M. de Chénier, et les ébauches que celui-ci a presque seules conservées ne suffisent pas toujours pour corriger le texte donné par le premier éditeur d'après des manuscrits, recopiés avec des changements par André Chénier lui-même. Donc, en élevant plus haut la question, il faudra dans l'établissement du texte d'André Chénier, suivre M. Gabriel de Chénier pour toutes les pièces dont il a les manuscrits, sauf recours à ceux-ci, et suivre l'édition de 1819 pour toutes les pièces dont Latouche a eu les manuscrits, sauf les corrections nécessitées par la production de documents formels.

Je reviens, Monsieur, au manuscrit de M. Brolemann. Latouche a d'abord eu l'intention de faire de cette élégie la vingt-neuvième ; mais il a changé d'idée, lui a définitivement donné le numéro 25 (conformément peut-être au classement d'André Chénier) et c'est la vingtième qui est alors devenue la vingt-neuvième, comme vous l'avez vu dans la lettre précédente.

Voici cette élégie ; le commencement nous manque, quoique je doute fort que Chénier ait conservé le début de 1782, qui ne tenait à la pièce que par un fil bien ténu. Ce nouveau texte rendra à l'édition de 1874 neuf vers qui lui manquent pour compléter à peu près la première rédaction. Je mets en *italiques* tous les vers supprimés par Latouche ; vous remarquerez qu'il n'a pas introduit une seule expression étrangère au texte, et que le vers : *Hâtons-nous*, etc., a été formé par lui au moyen d'éléments pris dans les cinq qu'il supprimait :

Fumant dans le cristal, que Bacchus à longs flots
Partout aille à la ronde éveiller les bons mots.
Reine de nos banquets, que Lycoris y vienne,
Que des fleurs de sa tête elle pare la mienne ;
Pour enivrer mes sens que le feu de ses yeux
S'unisse à la vapeur des vins délicieux.
Amis, que ce bonheur soit notre unique étude ;
Nous en perdrons sitôt la charmante habitude !
Hâtons-nous, l'heure fuit. *Hâtons-nous de saisir*
L'instant, le seul instant donné pour le plaisir !
Un jour, *tel est du sort l'arrêt inexorable,*
Vénus, qui pour les dieux fit le bonheur durable,
A nos cheveux blanchis refusera des fleurs,

6

Et le printemps pour nous n'aura plus de couleurs.
Qu'un sein voluptueux, des lèvres demi-closes
Respirent près de nous leur haleine de roses;
Que Phryné sans réserve abandonne à nos yeux
De ses charmes secrets les contours gracieux.
Quand l'âge aura sur nous mis sa main flétrissante,
Que pourra la beauté quoique toute-puissante?
Vainement exposée à nos regards confus,
Nos cœurs en la voyant ne palpiteront plus,
Il faudra bien qu'armés de la philosophie,
Oubliant le plaisir alors qu'il nous oublie,
La science nous offre un utile secours
Qui dispute à l'ennui le reste de nos jours.
C'est alors qu'exilé dans mon champêtre asile,
De l'antique sagesse admirateur tranquille,
Du mobile univers interrogeant la voix,
J'irai de la nature étudier les lois:
Par quelle main sur soi la terre suspendue
Voit mugir autour d'elle Amphitrite étendue;
Quel Titan foudroyé respire avec effort
Des cavernes d'Etna la ruine et la mort.

C'est ici que se termine le manuscrit; tous les vers supprimés par H. de Latouche ont été entourés par lui d'un trait et marqués d'un *deleatur*. Après ce long fragment, il faudra se reporter au texte donné par l'édition de 1819 pour la suite et la fin de l'élégie.

IX

Vous avez certainement, Monsieur, dans votre bibliothèque un volume, petit in-octavo, publié en 1829 par Charles Nodier, et intitulé : *Mélanges tirés d'une petite bibliothèque.* Or, à la page 106 de ce volume, dans une note, Nodier parle d'un précieux exemplaire qu'il possédait des poésies d'André Chénier. C'est la petite édition in-12 publiée à Paris, par Baudoin, en 1820. Vous la connaissez à merveille, Monsieur, et vous avez eu même l'amabilité de m'offrir un des deux exemplaires que vous en possédiez. C'est, comme vous le savez, la plus incomplète de toutes les éditions du poète : il y manque en effet l'*Oaristys*, la VIe, la IXe et la XXXVe élégies, le début de la XXXVIe, l'épître II et l'épître III, le deuxième fragment de l'*Art d'aimer* et le *Jeu de Paume*. Vous jugerez donc que ce n'est pas à lui-même que l'exemplaire dont je vous parle doit son prix, non plus qu'à son élégante couverture en cuir de Russie, mais à trois manuscrits d'André Chénier, qu'y avait joints H. de Latouche en l'envoyant au bibliothécaire de l'Arsenal.

Voici en effet la note qu'on lit à la page 106 du volume des *Mélanges* : « On a réuni à cet exemplaire trois pièces autographes de l'auteur. J'en reproduirai une ici parce qu'elle est inédite. C'est un fragment de son poème intitulé : l'*Amérique.*

Plus beau que ce coursier, ce superbe Cyllare, etc. »

Or, depuis bien des années, Monsieur, je désirais ardemment retrouver ce volume ; mais comment en découvrir la trace, depuis bientôt cinquante ans qu'il est sorti de la bibliothèque de Charles Nodier ? Il ne faut cependant jamais désespérer. En effet, il y a deux mois à peine, je parvins à saisir fortuitement un anneau d'une chaîne qui bientôt se déroula tout entière entre mes mains.

Ce volume avait passé successivement de la bibliothèque de Charles Nodier dans celle de Pixérécourt, puis dans celle d'Aimé Martin. Entre les mains d'Aimé Martin il acquit un nouveau prix, et entra dans la bibliothèque de M. M. de N., d'où, en 1861, il passa dans celle de M. Cunin-Gridaine. Avec un empressement dont je conserverai le souvenir, M. Cunin-Gridaine eut l'extrême obligeance de faire venir ce volume de Sedan et me le communiqua. En voici, Monsieur, la description.

Il porte en tête un envoi de la main d'Henri de Latouche à Charles Nodier ; puis, au commencement, sont placés deux manuscrits autographes d'André Chénier.

Le premier est celui de la dix-neuvième élégie. Latouche a conservé le numéro d'ordre que lui avait donné le poète.

ÉLÉGIE.

19

Mais ne m'a-t-elle pas juré d'être infidèle, etc., etc.

La pièce qui a 58 vers, numérotés de dix en dix, ne porte absolument qu'une correction de la main de l'auteur. Il avait d'abord écrit au 3e vers : *Mais sa bouche tranquille*, qu'il raya et remplaça par : *Mais sa voix intrépide*. Le texte de l'élégie imprimée en 1819 est conforme à celui du manuscrit, sauf en un point. Au cinquante-cinquième vers, le manuscrit porte :

Le front calme et serein, Lycoris, je veux voir.

Latouche a changé *Lycoris* en *Camille* ; je ne devine pas la raison de cette modification. A la fin de la pièce se trouve la petite accolade horizontale et au-dessous le nombre 58. Quant au nombre 19 placé en tête, il est de cette encre pâle ou décolorée que je vous ai déjà signalée plusieurs fois.

Le second manuscrit est celui de la cinquième élégie de 1819, qui devra désormais être classée la troisième selon le numéro d'ordre que lui a donné Chénier. En voici la disposition.

ÉLÉGIE.

3

Jeune fille, ton cœur avec nous veut se taire. Etc.

Même observation que précédemment au sujet du nombre 3. La pièce a 24 vers comme dans les éditions. A la fin, au-dessous de la petite accolade horizontale, est placé le nombre 24. Le manuscrit ne porte que deux corrections d'André Chénier. Il avait d'abord mis au sixième vers :

Et la rose pâlit sur ta joue innocente.

Au-dessus de *joue innocente*, qu'il n'a pas effacé, il a écrit *bouche expirante*. Autre part dans ses notes (Édition 1874, tome III, page 155) on a retrouvé ce même vers fait différemment :

Et la rose pâlit sur ta lèvre tremblante.

La seconde correction est minime ; au vingt-deuxième vers il avait d'abord mis *belles* qu'il a rayé et remplacé par *nymphes*. Dans l'édition de 1819, de Latouche a fait quelques corrections. D'abord au sixième vers au lieu d'*expirante* il a mis *mourante ;*

au dix-huitième : *tu cours sans te montrer* au lieu de *tu vas sans te montrer* ; au vingt-et-unième : *Nul en ce bois voisin* au lieu de *Certe en ce bois voisin ;* et au vingt-deuxième : *Font voler au printemps* au lieu de *Font courir au printemps,* corrections peu importantes, comme vous le voyez, Monsieur, et dont on entrevoit aisément les motifs.

Si du commencement nous allons à la fin du volume, nous trouverons le troisième manuscrit publié en 1829 dans les *Mélanges,* par Charles Nodier : *Plus beau que ce coursier,* etc. Mais ce n'est plus le manuscrit autographe d'André Chénier ; celui-ci aura été donné, soit par Charles Nodier, soit par Pixérécourt, soit par Aimé Martin. La copie qui l'a remplacé, dans cet exemplaire, porte au dos la signature d'Aimé Martin. On lit en tête le mot abrégé *Amér.*, qui veut dire *Amérique ;* et, en effet, ce morceau était destiné au poème de l'*Amérique,* comme l'avait très-justement dit Charles Nodier. On peut même aujourd'hui en déterminer la place ; il devait s'adapter à la description du cheval de Fernand Cortez. « Il pourra être intéressant, dit André dans une note (éd. 1874, II, p. 96), de représenter cette jeune Américaine, qui fut amoureuse de Cortez, se plaisant à caresser le cheval du héros, à lui peigner la crinière, à lui présenter de la nourriture et ne voulant pas le laisser soigner par... » Le portrait de ce coursier d'un héros devait être naturellement d'un style épique, et les comparaisons s'offraient en foule à l'imagination du poète. Voici ce morceau, dans lequel nous retrouvons ces phrases à longues périodes dans lesquelles se complaisait André Chénier :

> Plus beau que ce coursier, ce superbe Cyllare,
> Cher aux lyres de Grèce, et que vit le Ténare
> Obéir à la main du frère de Castor ;
> Plus beau même que toi, coursier au noble essor,
> Qu'élevait Babylone aux amours de la reine,
> Quand tu la vis souvent, la belle Assyrienne,
> Dans ta crèche de marbre elle-même t'offrir
> Et l'orge et le froment qui devaient te nourrir,
> Et tresser de ses doigts ta crinière flottante,
> Et ton flanc retentir sous sa main caressante.

Les traits divers qui composent la description du cheval de Sémiramis se trouvaient déjà indiqués dans la note d'André qui voulait représenter la jeune Américaine caressant le cheval de Cortez, peignant sa crinière et lui présentant de la nourriture. Et les deux derniers vers se retrouvent en quelque sorte dans le canevas d'une pièce inachevée (édition 1874, II, p. 229), où une jeune héroïne, debout sur son char et gourmandant un de ses chevaux lui dit : « Mes doigts n'iront plus s'envelopper dans ta crinière dorée, et ma main caressante ne fera plus retentir tes flancs. »

Telle est, Monsieur, la description des trois manuscrits insérés par Latouche dans cet exemplaire offert à Charles Nodier, et représentés aujourd'hui par deux des manuscrits autographes et une copie du troisième. Mais, ainsi que je vous l'ai dit, ce volume s'est enrichi en passant entre les mains d'Aimé Martin. Celui-ci, en effet, eut l'occasion de voir chez M. de Férussac le manuscrit de l'*Ode aux premiers fruits de mon verger* :

Précurseurs de l'automne, ô fruits nés d'une terre, etc.

Il s'aperçut que Latouche avait supprimé deux strophes ; il les copia et les inséra dans ce volume provenant de Charles Nodier, entre les pages 210 et 211 qui contiennent l'ode en question. Ces deux strophes écrites de sa main sont suivies de cette note: « Ces deux strophes ont été supprimées, je ne sais pourquoi, car elles sont charmantes ; je les ai copiées sur le manuscrit original qui appartient à M. Louis de Férussac. » La note est signée *Aimé Martin* et datée du 4 juin 1840.

J'aurais désiré beaucoup, Monsieur, retrouver ce

manuscrit d'André Chénier. M. le baron de Férussac, auquel j'ai eu l'honneur de m'adresser, se rappelle parfaitement l'avoir vu jadis chez son frère, M. le général de Férussac, mort en 1871, peu de temps après son retour de captivité, et il m'a obligeamment promis de faire des recherches à cet égard. Je souhaite qu'elles réussissent ; on pourrait ainsi définitivement fixer le texte de cette pièce. Je soupçonne qu'après avoir supprimé les strophes 7 et 8, Latouche a été obligé, pour opérer le raccordement, de faire une correction au premier vers de la dernière.

Quoi qu'il en soit, Monsieur, cette ode est aujourd'hui complète ; au lieu de sept strophes qu'elle a dans toutes les éditions, elle en aura neuf désormais.

Voici les strophes inédites ; je les encadre à leur place définitive entre les deux qui les précèdent et la dernière :

Que n'est-ce encore ce temps et d'amour et de gloire,
Qui de Pollux, d'Alceste a gardé la mémoire,
Quand un pieux échange apaisait les enfers !
Quand les trois Sœurs pouvaient n'être point inflexibles,
Et qu'au prix de ses jours, de leurs ciseaux terribles
On rachetait des jours plus chers !

Oui, je voudrais alors qu'en effet toute prête,
La Parque, aimable enfant, vînt menacer ta tête,
Pour me mettre en ta place et te sauver le jour ;

Voir ma trame rompue à la tienne enchaînée,
Et Fanny s'avouer par moi seul fortunée,
Et s'applaudir de mon amour.

Oh ! de quel doux regard, à mon heure dernière,
Elle viendrait chercher ma mourante paupière!
Oh ! quelle douce voix m'appellerait en vain !
De quel doux souvenir ma mort serait suivie !
O chimère ! ô souhait ! ô d'une noble vie
Plus noble et plus heureuse fin (1) !

Sur ses pieds délicats ma bouche défaillante
Savourerait la mort ; et mon âme expirante
Du bonheur d'une mère irait payer les dieux.
Je voudrais seulement que, du moins, sur la terre
Où dormiraient mes os, s'elevât une pierre
Qui fût voisine de ses yeux !

Ma tombe quelque jour troublerait sa pensée (2).
Quelque jour, à sa fille, entre ses bras pressée,
L'œil humide peut-être, en passant près de moi :
« Celui-ci, dirait-elle, à qui je fus bien chère,
« Fut content de mourir, en songeant que ta mère
« N'aurait point à pleurer sur toi. »

Aimé Martin avait raison, et nous devons lui être reconnaissants de nous avoir conservé ces deux strophes. Elles donnent à la pensée du poète tout son développement. Le sentiment qui règne dans cette pièce est délicat et mélancolique ; et, nous pouvons

(1) La note et la signature d'Aimé Martin garantissent absolument l'authenticité de ces strophes. Mais ce témoignage eût-il fait défaut, que l'authenticité aurait pu être prouvée par la comparaison de ces vers avec un passage d'un fragment publié pour la première fois en 1874, et qu'on trouvera cité dans la lettre V adressée à M. Reinhold Dezeimeris.

(2) Peut-être le manuscrit porte-t-il :
Et cette pierre un jour troublerait sa pensée.

l'ajouter, il n'est point factice et uniquement dû à une fiction poétique. La mort exerçait sur André Chénier un attrait irrésistible.

X

En lisant les vers d'André Chénier, n'avez-vous pas trouvé, Monsieur, que quelques-uns d'entre eux ont l'âcre saveur d'une goutte de fiel ? On surprend par moment chez lui un mouvement de secrète colère contre la destinée et même contre la société. Jeune, en proie à toutes les passions, d'une nature ardente, il se sent condamné par la maladie à une sagesse qui n'était pas de son âge, et il est obligé de mettre un frein nécessaire à un tempérament fougueux. Conscient de sa valeur comme homme, il se voit, au milieu de cette société qu'il juge de si haut, relégué dans une position inférieure et subalterne, et il conçoit contre cette société un jaloux ressentiment. La page qu'il écrivit un soir dans une taverne de Londres en est restée un amer témoignage. Enfin, conscient de son génie comme poète, il étouffe dans la solitude les sons de sa lyre, et il échappe avec dédain aux applaudissements de cette *Société des neuf Sœurs*, dont les vers emplissent les journaux et les almanachs du temps. Partout il porte au cœur une blessure qui saigne toujours, et de bonne heure,

> Las du mépris des sots qui suit la pauvreté,
> *Il* regarde la tombe, asile souhaité.

Boissy d'Anglas avait connu André Chénier, et il semble qu'il ait lu dans cette âme tourmentée : « Il était naturellement mélancolique, a-t-il dit, et accablé sous le poids d'une sensibilité dominatrice ; il n'était pas né pour être heureux, et la terrible catastrophe, qui termina sa carrière avant même qu'elle ne fût commencée, ne fut peut-être douloureuse que pour ses amis et funeste que pour sa patrie. »

En effet, de bonne heure André Chénier s'est laissé envahir par le charme pénétrant de la mort ; et, chaque fois que cette suprême consolatrice lui apparaît, il lui adresse un salut plein de douceur. Nombreux sont les passages de ses œuvres, où sa pensée s'est complu à caresser l'espoir prochain de la mort, *de nos maux ce remède si doux*. Et je viens de retrouver encore un fragment inconnu, en prose, destiné au deuxième chant de l'*Hermès*, et qui n'est autre chose que le canevas d'un Hymne à la Mort. Voici cette petite pièce, dans laquelle, comme toujours, vous trouverez des vers tout faits échappés de la plume du poète :

O mort, que l'insensé redoute... Calme dans la tempête et port dans le naufrage... Espoir des malheureux qui n'ont plus d'espoir... Toi qui es juste et remets tous les hommes au niveau... Toi par qui le roi et le sujet, le riche et le pauvre, l'oppresseur et l'opprimé reviennent à la même poussière... Que le despote ait fait ceci, cela, qu'il s'entoure de courtisans, de flatteurs, d'opulents, que son ordre ait bâti deux villes en un jour, il n'est rien au tombeau. Entré nu dans le monde et nu quand il en sort... Il laisse au bord de la tombe à un successeur avide ses trésors, ses femmes, ses eunuques...

Ne pas oublier de parler de ces tombeaux, pyramides, etc... (nés en partie de l'orgueil et en partie de l'amour pour les ancêtres), qui renferment un cadavre orgueilleux, superbe.

Vous avez saisi en passant, Monsieur, l'allusion à Sardanapale et à son épitaphe, qu'Athénée nous a transmise sous différentes formes, et entre autres sous celle-ci : « Sardanapale, fils d'Anacyndarax, a bâti Anchiale et Tarse en un jour. Mange, bois, joue, le reste ne vaut pas un claquement de doigt. »

Ce petit manuscrit porte à l'angle supérieur de gauche cette indication Δ .2 . . ., c'est-à-dire *Hermès*, chant deuxième. Vous vous rappelez, Monsieur, les diverses conjectures que j'ai émises, dans les *Documents nouveaux*, sur la structure et les divisions de l'*Hermès*. Ce manuscrit semblerait les confirmer. Le procédé abréviatif au moyen duquel André a rattaché ce manuscrit à son poème est assez remarquable. Après le *delta*, qui dans toutes ses notes désigne l'*Hermès*, il a placé cinq points, dont le second est remplacé par le chiffre 2. On peut se demander si le nombre des chants de l'*Hermès* ne nous est pas ici implicitement indiqué par le nombre des points. Mais je n'insiste pas. J'attendrai, pour tirer une conclusion, que le hasard ait fait tomber sous mes yeux d'autres manuscrits appartenant à l'*Hermès*.

Quoi qu'il en soit, ce fragment fera regretter vivement tous ceux qui sont perdus ou qui courent le monde. Je dois, Monsieur, vous en indiquer la provenance. Il figurait sur le catalogue d'autographes de M. Benjamin Fillon, sous le n° 1163. C'est dans cette même collection qu'était passée, comme je vous l'ai dit précédemment, la lettre d'André Chénier à son père ; elle occupait sur le catalogue le n° 1162.

M. Benjamin Fillon possédait encore (n° 1164 du catalogue) une pièce éminemment curieuse et d'un très-grand prix : c'est la copie, certifiée conforme et portant le timbre du comité de surveillance de Passy, du procès-verbal de l'arrestation et de l'interrogatoire d'André Chénier, le 18 ventôse an II. Cette copie a été faite probablement par le greffier de la mairie de Passy, en tout cas par quelqu'un qui connaissait les lieux et les personnes et qui était un peu moins ignorant que le rédacteur du procès-verbal. Cette pièce servira à corriger le texte publié par Sainte-Beuve d'après la minute. J'y ai relevé entre autres une correction que j'avais indiquée déjà comme indispensable. C'était bien *madame* Pastoret et *madame* Piscatory qui furent trouvées dans la maison et non pas M. Pastoret et M. Piscatory; en effet au lieu *des citoyens Pastourel et Piscatory* que donne le texte de Sainte-Beuve, cette pièce porte *des* Ces *Pastorel et Piscatory*. Cet exemple suffira pour vous faire apprécier toute la valeur de ce document.

N'ayant plus de pièce inédite à vous faire connaître, j'ai hâte, Monsieur, de vous présenter brièvement, en forme de conclusion, quelques considérations générales.

Tous les manuscrits que j'ai eu la bonne fortune de retrouver et que j'ai fait passer sous vos yeux nous ont fourni des fragments ou des vers inédits et presque toujours d'importantes corrections. Donc nous ne possédons encore des œuvres d'André Chénier qu'un texte incomplet et incorrect. Cette certitude doit nous animer à la recherche de tous les manuscrits qui peuvent exister encore. Une partie a été perdue en 1871, une autre a été dispersée, depuis 1819, en différentes mains, et remarquez, Monsieur, que plusieurs de ces manuscrits, ceux des collections Brolemann et Fillon viennent d'apparaître au jour pour la première fois, près de soixante ans après la publication de la première édition. L'avenir nous tient certainement encore en réserve de pareilles surprises.

Le plus grand nombre de ces manuscrits proviennent de Latouche. Toutefois d'où vient le fragment de l'*Hermès* de la collection Fillon ? Nous n'en savons rien. En outre, le manuscrit Brolemann nous a permis de constater que Latouche a eu sous les yeux pour certaines pièces des manuscrits différents de ceux que possèdait M. G. de Chénier ; et qu'il s'est par conséquent perdu des manuscrits qui n'avaient jamais été entre les mains de Latouche. Je crois, Monsieur, qu'il faut faire remonter jusqu'au commencement de ce siècle la dispersion d'une partie (dont nous ignorons l'importance) des manuscrits d'André Chénier. Parmi ces pièces perdues ou égarées, il devait y en avoir d'importantes, telles que les élégies qu'il appelle, l'une (III, p. 125) *son* élégie nocturne, et l'autre (III, p. 69) *son* élégie champêtre. Quelques autres fragments ont pu être retrouvés, tels que celui publié par M. Anatole France en 1864.

En outre, il nous manque toutes les pièces adressées à ses amis, dont il n'avait pas conservé une copie, et de ce nombre est l'épitre ou l'élégie adressée à Alfieri. En réalité, il ne reste plus aujourd'hui entre les mains de la famille qu'une partie des ébauches. D'ailleurs, je crois convenable d'ajouter qu'il est absolument certain que, depuis l'époque où M. Gabrie de Chénier a eu ces manuscrits entre les mains, jusqu'au jour de sa mort il les a conservés avec un soin pieux et jaloux.

Une dernière réflexion, Monsieur, et j'ai terminé. J'ai pu constater, et chaque fois j'ai appelé votre attention sur ce point important, que, vers la fin de 1793 ou au commencement de 1794, André Chénier, après avoir recopié un certain nombre de ses anciennes poésies, les avait classées et numérotées de sa main, les préparant ainsi pour une publication prochaine. Or cette observation, que nous devons à cette circonstance fortuite qu'à cette époque il se servit d'une encre très-pâle ou très-altérable, vient appuyer, d'une façon remarquable, une assertion de Latouche, qu'on a traitée d'invention et de fable. En effet, celui-ci a dit dans la *Revue de Paris*, redit dans la *Vallée-aux-loups*, et répété dans la préface de 1833 (sans soulever alors aucune réclamation), qu'André Chénier, peu de jours avant d'avoir été jeté dans la prison de Saint-Lazare, avait classé ses manuscrits en trois portefeuilles, et les avait numérotés de sa main.

Eh bien, Monsieur, il faut reconnaître aujourd'hui que Latouche a dit la vérité quand il a affirmé qu'André, avant d'être incarcéré, avait numéroté ses manuscrits, les classant ainsi dans un ordre que l'éditeur de 1819 paraît avoir en partie respecté. Donc, en ce qui regarde la légende des trois portefeuilles, la vérification d'une partie de l'assertion de Latouche ne nous laisse plus le droit de rejeter l'autre. Je prévois les objections : le portefeuille n° 1 n'était qu'un choix fait par André Chénier entre toutes ses poésies et pour lequel il avait écrit une courte préface, publiée en 1833 ; après sa mort, le classement en trois portefeuilles a pu être détruit ; alors tous les manuscrits sont venus se réunir et se mélanger dans un seul et unique carton, etc. J'admets toutes les objections, j'en apprécie même la valeur ; mais je vous ferai remarquer, Monsieur, que ce ne sont là que des conjectures. Or, l'assertion de Latouche porte sur deux points : sur l'un j'ai pu constater qu'il a dit la vérité, il convient donc que sur l'autre nous restions, jusqu'à plus ample information, dans un doute scientifique qui n'est ni l'affirmation ni la négation.

J'ai terminé, Monsieur. Ces questions délicates m'ont entraîné dans des explications minutieuses et un peu longues. Les nombreux amis d'André Chénier me pardonneront certainement ; et ces notes seront peut-être de quelque utilité aux éditeurs futurs de ce poète, que la dispersion de ses manuscrits a paré du même prestige qu'un contemporain d'Homère.

LETTRES

A M. P. BLANCHEMAIN

LETTRES

A M. P. BLANCHEMAIN (1)

I

Vous, Monsieur, qui nous avez donné récemment de savantes recherches sur les nobles dames qu'ont

(1) M. P. Blanchemain est mort le 25 décembre 1879. Tous ceux qui l'ont connu conserveront le souvenir de la sympathie qu'inspirait sa nature, de la cordialité de ses relations, de la simplicité enjouée de sa conversation. Il est un de ceux qui ont le plus contribué à remettre en honneur les poètes du XVIe siècle. Son édition de Ronsard gardera son nom de l'oubli.

célébrées les poètes du XVIe siècle, vous comprenez mieux que personne l'intérêt qui s'attache à de telles études. Ce n'est pas là une vaine curiosité. Il ne s'agit point non plus ici d'indiscrètes révélations. Dans tout poète, il y a un homme nécessairement en proie à toutes les passions de l'humanité ; et il est aisé de découvrir dans André Chénier des traces manifestes de sensualité. Sa plume ou son crayon ne se refusait pas toujours à de voluptueuses images, et ses manuscrits témoignent que son imagination l'emportait parfois jusqu'à la possession idéale de l'objet de sa passion. Mais il sera toujours difficile, pour ne pas dire impossible, de discerner la vérité au milieu de tant de poétiques mensonges. Ne cherchons donc pas à soulever le voile derrière lequel se cachent les Lycoris, les Glycère, maîtresses d'un jour, réelles ou fictives, du poète, douées surtout des charmes que leur prêtent ses vers.

Cependant André Chénier a vécu au milieu de cette société du XVIIIe siècle, à la fois la plus délicate et la plus raffinée, la plus licencieuse et la plus naïve, la plus idéologue et la plus sceptique ; il a traversé la plupart des salons célèbres, connu les plus illustres de ses contemporains, et passé dans le rayonnement des femmes les plus séduisantes de son époque. Ce sera donc faire un pas de plus dans la connaissance de son caractère moral que de rechercher quelles sont celles de ces reines de la beauté, de l'esprit et de la grâce qui ont exercé sur lui un irrésistible attrait. Esquisser leur portrait ce serait en quelque sorte retrouver et mettre en lumière quelques-uns des traits de l'image qu'il portait en lui, et dont la contemplation éveillait dans son âme la plus délicieuse, mais la plus esthétique de toutes les émotions. Car si André Chénier a aimé éperdûment plusieurs des femmes qu'il a rencontrées dans sa vie, c'est qu'il reconnaissait en elles les traits les plus aimables et les plus rares de ce modèle idéal, et comme l'incarnation de sa propre pensée.

Je ne veux cependant pas, Monsieur, vous refaire à ce propos le portrait de toutes les belles personnes qui ont arrêté son attention. Je tiens, au contraire, à éviter de redire ce qu'on a déjà écrit à ce sujet, et j'aurai particulièrement soin de ne pas me répéter moi-même.

Pendant sa détention à Saint-Lazare, André a dû ressentir une profonde commisération pour toutes ces jeunes femmes livrées si prématurément à la main sacrilège des bourreaux. Ce sentiment de pitié s'est fait jour dans une pièce à jamais célèbre, *la Jeune captive*. C'était, tout le monde le sait, la belle et séduisante duchesse de Fleury qui la lui avait inspirée. C'est bien ici le cas de remarquer que la peinture avait plus de points de ressemblance, avec l'idéal *aimable et naïf* du poète qu'avec le modèle. La jeune duchesse que, selon le langage du temps, les Grâces avaient parée de dons enchanteurs, était, on le sait, plus aimable que naïve, et tous ceux que son irrésistible séduction a jetés à ses pieds ne paraissent avoir eu qu'une crainte, celle d'être obligés de passer tous leurs jours près d'elle ; peut-être eussent-ils préféré les voir finir.

Quant à Fanny, la mieux connue de toutes les personnes qui ont captivé André Chénier, c'est l'idéal même du poète ; elle en a les traits les plus suaves et les plus chastes. Les odes qui lui sont adressées seront un impérissable honneur et pour elle et pour lui : entre eux deux, pas un soupir qui n'ait été pur et véritablement séraphique. Aussi elle a renouvelé pour André la source même de la poésie : jamais les vers n'avaient coulé de sa bouche plus faciles et plus abondants, et c'est elle qui lui a inspiré l'*Ode à Versailles*, la plus parfaite de ses œuvres.

En remontant le cours de la vie d'André Chénier, nous arrivons aux heures plus passionnées de la jeunesse et nous rencontrons le souvenir de madame de Bonneuil. On sait depuis longtemps, et cela d'une façon certaine, qu'André l'a éperdûment aimée ; mais on a dit, et j'ai moi-même répété, qu'elle n'était autre que la *Camille* des élégies. C'est un point, il faut l'avouer, qui n'est point absolument hors de doute. La conjecture s'appuie d'une façon plausible sur la belle élégie :

> O lignes que sa main, que son cœur a tracées ! etc.

Mais la *Camille* de la plupart des autres élégies n'est vraisemblablement pas madame de Bonneuil. Il y a donc une distinction assez délicate à faire, et le mieux est assurément de laisser ce point en suspens jusqu'à ce que de nouveaux documents permettent d'élucider cette question.

Toutefois il est une pièce bien connue,

> ..., Ile charmante, Amphitrite ta mère, *etc.*

qui me paraît avoir été adressée à madame de Bonneuil. Dans l'édition de 1833, où ces vers parurent pour la première fois, le nom de l'île est remplacé par des points, ainsi que le nom de la personne. Considérant (ce qui est resté une vérité indéniable) que l'île ne pouvait être que Bourbon ou Saint-Domingue, j'avais d'abord adopté cette seconde hypothèse, ayant, d'autre part, expliqué l'abréviation d'.r.. par le nom de madame Gouy d'Arsy que je pensais née à Saint-Domingue. Cette conjecture s'est évanouie le jour où j'ai retrouvé l'écrou de madame de Bonneuil qui la déclare née à l'île Bourbon. Or, dans l'édition de 1874, ma première conjecture, depuis reconnue fausse, a été acceptée en partie par M. de Chénier qui, laissant le nom de l'île en blanc, a désigné la personne en question par l'initiale D'. Ce qui a entraîné M. de Chénier, c'est qu'il pensait (et en cela il avait raison) que l'abréviation d'.r.. désignait une Anglaise, et qu'à ses yeux l'île dont il s'agit était l'Angleterre, ce qui est absolument insoutenable. Selon mon sentiment, Monsieur, s'il y a, sur le manuscrit, une initiale, et j'en doute encore, elle ne désigne certainement pas la personne connue sous le nom abrégé de d'.r...

En tout cas, Monsieur, voici cette petite pièce; elle est assez jolie pour que vous permettiez de vous la rappeler. Je vous la donne telle que je crois qu'il faudra désormais la lire.

Bourbon, île charmante, Amphitrite ta mère
N'environne point d'île à ses yeux aussi chère.
Paphos, Gnide, ont perdu ce renom si vanté.

C'est chez toi que l'amour, la grâce, la beauté,
La jeunesse ont fixé leurs demeures fidèles.
Berceau délicieux des plus belles mortelles,
Tes cieux ont plus d'éclat, ton sol plus de chaleurs ;
Ton soleil est plus pur, plus suaves tes fleurs.
Bonneuil reçut le jour sur tes heureux rivages.
Que toujours tes vaisseaux ignorent les naufrages
Que l'ouragan jamais ne soulève tes mers ;
Que la terre en tremblant, l'orage, les éclairs,
N'épouvantent jamais la troupe au doux sourire
Des vierges aux yeux noirs, reines de ton empire.

Remarquez, Monsieur, que, dans cette pièce ainsi restituée, tout est rigoureusement vrai. Nous savons, par un document certain, que madame de Bonneuil est née à l'île Bourbon, et la description que le poète trace de cette île est d'une exactitude absolue. En effet, Bourbon n'est-il pas sous un ciel plus éclatant et plus chaud que Paphos et que Gnide ? Les créoles ne sont-elles pas comptées parmi les plus belles mortelles ? Et Bourbon, n'est-il pas en même temps trop célèbre par les ouragans qui soulèvent ses mers et les secousses volcaniques qui font trembler son sol ?

Si j'ai insisté, Monsieur, sur cette pièce, c'est qu'en dehors de son importance propre, elle venait compliquer, jusqu'à le rendre insoluble, le dernier problème qu'il me reste à élucider, à savoir quelle est la personne désignée sur les manuscrits d'André Chénier par l'abréviation d'.r.. ou d'.rn.. Rassurez-vous, Monsieur, mon intention n'est pas de vous entraîner dans les détours nombreux d'une discussion subtile. La rigueur mathématique serait déplacée en cette causerie littéraire : il suffit que peu à peu, sans que j'aie l'air de vous y contraindre, la conviction s'impose à votre esprit. Je n'oublie pas que l'éditeur de 1874 a vu un *z*, là où je prétends voir un *r* : mais dans une question de fait toute discussion me paraît oiseuse. Ouvrez l'édition de 1826 ; vous y trouverez précisément le *fac-simile* d'une élégie adressée à d'.r.., et un simple coup d'œil suffira, bien mieux que tous les raisonnements, à vous convaincre que la lettre en question est et ne peut être qu'un *r*.

Cela dit, Monsieur, voici sans plus vous faire attendre le mot de l'énigme. La personne qu'André a ainsi désignée n'est autre que la belle et célèbre Maria Cosway, qui avait épousé le peintre anglais Richard Cosway, le premier miniaturiste de son temps. Les lettres dont André Chénier s'est servi pour la dérober aux regards indiscrets ne sont point empruntées à un des noms de mistress Cosway. Le procédé eût été par trop simple, car il ne faut pas oublier que la précaution que le poète croyait devoir prendre avait précisément pour but de soustraire ce nom aux regards indiscrets de son entourage. Les lettres d'.r.. ou d'.rn. sont abrégées du mot *d'Arno*, qui indique le lieu de naissance de madame Cosway et qui équivaut à cette expression, *fille d'Arno* (1). Cela sans doute au premier abord vous semble un peu lointain, ce qui prouve, Monsieur, que cette désignation, choisie d'une façon assez originale par André Chénier, était de nature à dépister quelque indiscret ami. Mais je retrouve l'expression dans quelques jolis vers italiens qu'André a faits pour elle (édit. 1874, I, p. 244) et dont voici la traduction : « La Seine et la Tamise, ces deux sœurs, s'unissent enfin pour admirer la fille de l'Arno (*d'Arno la figlia*), à qui le Phébus toscan donna une lyre d'or, à qui Apelle légua ce vivant pinceau qui fait respirer la toile, dont le chant est doux et dont la main savante se promène sur le clavecin ou sur les cordes sonores. Tu es agréée des muses, ô Cosway, aimée sur le Pinde et chère à la Tamise. » Quand André composa ces vers, Maria Cosway venait d'arriver à Paris ; c'est pour cela qu'il dit que la Seine s'unit enfin

(1) Il ne serait pas impossible qu'en outre des formes d'...., d'.r.., d'.rn., on rencontrât aussi la forme d'.r.n sur les manuscrits. Dans ce cas au lieu d'expliquer cette abréviation par *fille d'Arno*, il faudrait la traduire par *fille d'Erin*, qui désigne également Marie Cosway dont la famille était irlandaise.

8

à la Tamise pour admirer la fille de l'Arno. En effet, ce n'est pas en Angleterre qu'André Chénier l'a connue, mais en France, circonstance qui permet dès lors d'expliquer quelques pièces qu'il était impossible de dater de Londres.

Voici, Monsieur, l'indication des fragments et des élégies qui lui sont adressées. C'est d'abord huit vers (I, p. 127), intitulés : *A une Anglaise :*

> Si ton âme a goûté la voix pure et facile
> Dont Pope répétait les accents de Virgile,
> Si quelques doux tableaux et quelques sons touchants
> De l'antique Spenser te font aimer les chants,
> Viens voir aussi comment, aux bords de notre Seine,
> La muse de Sicile et chante et se promène ; etc.

Ces vers devaient être placés par André Chénier en tête d'une idylle. Dans la pièce suivante, qui avait la même destination (I, p. 127), et qui est un peu plus longue, mistress Cosway est expressément nommée :

> Docte et jeune Cosway, des neuf sœurs honorée,
> Au Pinde, à tous les arts par elles consacrée,
> Mes bergers en dansant t'appellent à leurs jeux, etc.

C'est elle enfin, qui est *la jeune Marie*, célébrée dans une belle élégie publiée dès 1819 :

> De l'art de Pyrgotèle, élève ingénieux,
> Dont, à l'aide du tour, le fer industrieux
> Aux veines des cailloux du Gange ou de Syrie
> Sait confier les traits de la jeune Marie,
> Grave sur l'améthyste ou l'onyx étoilé
> Ce que d'elle aujourd'hui les dieux m'ont révélé. Etc.

Elle mériterait d'être citée tout entière, mais vous avez sans doute présents à la mémoire ces vers délicieux où le poète a tracé de la *Jeune Florentine* le portrait le plus flatteur et le plus ressemblant, et dans lesquels il feint que la Vertu et les Grâces ont mêlé, pour nourrir son enfance :

> La bienveillance amie au sourire ingénu
> Et le talent modeste à soi seul inconnu,
> Et la sainte fierté que nul revers n'opprime,
> La paix, la conscience ignorante du crime,
> La simplicité chaste aux regards caressants...

Cette pièce nous a fait errer bien longtemps, Monsieur, et la jeune Marie s'était jusqu'alors dérobée derrière un voile impénétrable.

Après avoir ressenti pour mistress Cosway la plus pure admiration, le poète s'aperçut qu'un sentiment plus tendre naissait en lui, et il osa lever sur elle un regard plein à la fois d'amour et de respect. C'est dans la dédicace de l'*Esclave* (I, p. 116) que ce nouveau sentiment se fait jour, humble et craintif encore : aussi hésite-t-il cette fois à inscrire son nom dans ses vers. C'est à partir de ce moment qu'il imagina ces lettres abrégées d'.r.. ou d'.rn. (*d'Arno*) qui devaient la dérober à la maligne curiosité. Ainsi (I, p. 151), dans ce début d'idylle, où le poète s'adresse à l'Amour :

> Enfant ailé, seul Dieu de mes jeunes travaux,
> A qui fais-tu ce don de mes bouquets nouveaux ?
> A toi, belle d'.r... Pour toi mes mains rustiques
> Ont formé le tissu de ces fleurs bucoliques. Etc.

Et dans cet autre fragment (I, p. 152) :

> O nymphe du ruisseau, sors de ton onde, sors,
> Prends ces chants de berger médités sur ces bords,
> Porte-les à d'.rn., cette belle insulaire. Etc.

Enfin l'amour le possède tout entier ; l'image de Cosway le suit et le poursuit partout, et il exhale son tourment dans cette brûlante élégie que gâte malheureusement un début d'une mythologie un peu surannée :

> Hier, en te quittant, enivré de tes charmes,
> Belle d'.r.., vers moi tenant en main des armes,
> Une troupe d'enfants courut de toutes parts :
> Ils portaient des flambeaux, des chaînes et des dards. Etc.

Comme vous le savez, Monsieur, le décor de cette pièce est formé par les beaux vallons de la Marne et de la Seine :

> Marne, Seine, Apollon n'est plus dans vos forêts.

Nous pouvons aujourd'hui nous demander si le poète était payé de retour. Eh bien, il n'est pas difficile de s'apercevoir que les dieux-enfants n'ont point secoué leurs flambeaux sur la jeune et séduisante Cosway. Le poète est seul à aimer et à souffrir, et le mélancolique aveu lui en échappe à la fin :

Que ne puis-je à mon tour, ah ! que ne puis-je croire
Que loin d'elle toujours j'occupe sa mémoire !

Dans une autre élégie, plus brûlante encore et plus passionnée,

O nuit, nuit douloureuse ! ô toi, tardive aurore,
Viens-tu ? vas-tu venir ? es-tu bien loin encore ?

le poète ose porter un regard enflammé sur la couche de la belle d'.r.. ; mais c'est ici, Monsieur, qu'on ne doit pas se laisser duper par ces voluptueux mensonges, et qu'il faut se souvenir de tout ce qu'il y a d'idéal dans l'ivresse poétique. Vers la fin de la pièce, d'ailleurs, la vérité de la situation se dégage et le poète soupire sur un ton attendri :

O d'.r.., je t'ai vue, il fallait bien t'aimer.
Il fallait bien, d'.r.., que ma muse emflammée
Chantât pour caresser ma belle bien-aimée ;
Elle pleure à tes pieds, les yeux pleins de langueur :
Puisse-t-elle à mes feux intéresser ton cœur !

Toutes ces pièces, composées sous l'inspiration de Marie Cosway, ont dû être écrites en 1785 ou au commencement de 1786. Car, ainsi que le témoigne la date du portrait du duc d'Orléans, c'est vers cette époque que mistress Cosway vint, accompagnée de son mari, passer plusieurs mois en France. Nous en avons d'ailleurs encore un autre témoignage, celui du poëte Niemcewicz, qui composa des vers en l'honneur de cette ravissante personne et qui en donna à André Chénier un fragment (1), au bas duquel il avait ajouté ces mots : « Niemcewicz sera toujours l'ami de Saint-André. » C'était un adieu. Il quittait Paris pour se rendre à Londres, où il devait séjourner une partie de l'année 1787. Cette date nous est attestée par un volume que publia Niemcewicz, intitulé : *Odes écrites en quittant l'Angleterre en* 1787. Il retournait alors en Pologne, où il devait rester plusieurs années et siéger à la Diète de 1788 en qualité de nonce du palatinat de Livonie. Or, puisqu'André Chénier n'a pas été en Angleterre avant la fin de 1787 et qu'à cette époque Niemcewicz était parti pour Varsovie, la rencontre du poète polonais, d'André Chénier et de Marie Cosway n'a pu avoir lieu qu'en France de 1785 à 1786.

Les vers d'André Chénier, l'éloge flatteur, et j'ajouterai mérité, qu'il fait de mistress Cosway, les traits séduisants sous lesquels il la dépeint, ne vous font-ils pas désirer, Monsieur, de connaître quelques détails de sa vie ? Elle n'est pas au-dessous de l'image idéale qu'en a tracée le poète. Elle connut la gloire, eut son jour de célébrité, passa plusieurs années dans

(1) Ces vers ont été publiés par M. G de Chénier dans l'édition de 1874, tome premier, page XXXVII.

les splendeurs d'une vie princière et sut, quand le destin n'eut plus de faveurs pour elle, abriter ses derniers jours dans la dignité d'une retraite obscure mais utile encore. Si vous le voulez bien, Monsieur, Marie Cosway sera l'objet de ma prochaine lettre.

II

Cecilia-Louisa-Maria Hadfield appartenait à une famille irlandaise. Elle vint au monde, en 1765, en Italie, où son père tenait sur les bords de l'Arno un hôtel fréquenté des voyageurs anglais. Sa mère était, dit-on, très-distinguée. La naissance de la jeune Marie a sa légende, que vous pourrez retrouver dans un article anonyme du *Petit Magasin des Dames* (1806), et que depuis Allan Cunningham a racontée de nouveau dans sa *Vie des Peintres anglais* (1830). Madame Hadfield avait déjà perdu quatre enfants en bas âge lorsque la jeune Marie vint au monde. Or, on prétend que leur nourrice, trop fervente catholique, les avait empoisonnés pour extirper du monde ces petits hérétiques ; que, touchée des grâces naissantes de Marie, elle supplia sa mère de la faire élever dans la religion catholique, lui promettant que le ciel lui conserverait sa fille. Quoi qu'il en soit de la réalité de ce récit, Marie vécut et fut catholique. Son père, qui avait acquis une grande aisance, lui fit donner une brillante éducation. André Chénier, dans une élégie, a célébré les charmes de visage et d'esprit dont la nature l'avait douée, ainsi que les précoces dispositions qu'elle montra pour la peinture et la musique. A sa sortie du couvent, elle alla à Rome, où ses premiers essais intéressèrent à elle les artistes célèbres qu'elle y rencontra, Battoni, Mengs et Fuseli.

Mais à la mort de son père, Marie Hadfield, en proie à un profond chagrin, témoigna le désir de se retirer dans une maison religieuse. Sa mère, que ce cruel dessein plongeait dans le désespoir, voulut la distraire et l'emmena en Angleterre. Elle fut présentée à Angelica Kauffman, qui ébranla sa résolution; et bientôt son mariage avec le peintre en miniature Richard Cosway acheva sa conversion. Elle n'avait alors que seize ans, son mariage ayant eu lieu en 1781, date que nous a conservée Redgrave, dans son *Dictionnaire des artistes anglais* (1874).

Richard Cosway était né en 1740, à Tiverton, dans le Dévonshire. Venu très-jeune à Londres, il s'était fait rapidement connaître et s'était acquis, à peindre des miniatures, une réputation justement méritée. D'un talent élégant et distingué, il avait, par la grâce et la légèreté de sa touche, par sa science de l'antiquité et l'observation de la nature, relevé un art qui s'était vu réduire à peindre des dessus de tabatières. Il était bientôt devenu à la mode et avait fait en même temps sa réputation et sa fortune. Après de nombreux succès, remportés aux expositions de la Société des arts, il avait été élu, en 1771, membre de l'Académie royale. Malheureusement, à ses grandes qualités de peintre, Cosway joignait des défauts qui devaient le perdre. Petit, d'une physionomie un peu grêle, souvent ridicule par l'excentricité et le luxe qu'il affectait dans ses vêtements, il était vaniteux, infatué de sa personne et de son mérite. Derrière lui ses collègues, un peu jaloux sans doute, le traitaient de faquin : ils l'appelaient le *peintre macaroni*. En tout il manquait de jugement et de mesure. Joueur et dissipé, en même temps qu'acharné au travail, il affectait le ton et les manières d'un grand seigneur, blessant ainsi ses confrères et ne parvenant pas, malgré ses allures de dandy, à faire oublier son humble origine. L'amitié que lui témoigna le prince de Galles, depuis Georges IV, dont il fit plusieurs fois le portrait, acheva de lui tourner la tête. Admis dans la familiarité du prince, partageant ses débauches secrètes ou avouées, Cosway prit au sérieux son rôle de complaisant et ne vit plus de bornes à son ambition. Il déploya un luxe royal dans sa maison, traita et tint table ouverte, engloutissant ainsi les sommes énormes qu'il gagnait avec ses portraits et son commerce de tableaux anciens. Ce qui surtout paraît avoir excité la verve satirique de ses contemporains, c'est la façon ridicule dont il s'habillait. Smith, dans son ouvrage sur *Nollekens et son temps*, nous en fait un portrait achevé, et nous le montre « richement habillé, l'épée au côté, avec un petit chapeau à trois cornes posé sur le sommet de son toupet poudré, et portant un habit couleur de mûres, brodé avec profusion de fraises écarlates ».

Tel était l'homme entre les bras duquel on avait légèrement jeté la jeune et charmante Marie Hadfield. Le mariage, selon les usages du *high-life*, avait été célébré dans l'église de Saint-Georges. Cosway habitait alors, dans la rue aristocratique de Pall-Mall, un appartement qui occupait le milieu de l'immense maison bâtie par le duc de Schomberg. Smith nous a laissé une description de cette demeure fastueuse et véritablement princière, ornée de tableaux anciens, de magnifiques tapisseries, de beaux meubles des Flandres, de porcelaines de la Chine et du Japon, etc.

Après quelques mois d'une amoureuse retraite, les nouveaux époux ouvrirent leur maison et donnèrent des soirées où la beauté, la grâce, le talent de madame Cosway sur le clavecin et sur la harpe attirèrent bientôt la fleur de l'aristocratie anglaise. Ce fut la maison à la mode où tous ceux qui avaient quelque prétention à l'élégance tenaient à être présentés ; et les ambassadeurs étrangers, les écrivains et les poètes, les voyageurs venus des plus lointains climats, s'empressaient aux soirées de la charmante mistress Cosway. Parmi les habitués, on distinguait le général Paoli, lord Sandys, lord Erskine, et surtout le prince de Galles. Les femmes n'étaient pas moins assidues, et lady Lyttelton, Mrs Damer, la comtesse de Aylesbury, lady Cecilia Johnston et la marquise de Townshend visitaient madame Cosway sur le pied de l'intimité. Cette existence brillante était-elle le bonheur ? On peut en douter. La disproportion d'âge qu'il y avait entre les deux époux n'eût peut-être pas été un obstacle à leur félicité, mais il y avait entre eux une plus grande disproportion morale. L'art fut un refuge pour Marie Cosway ; elle chercha à développer par le travail les dons heureux qu'elle tenait de la nature, et elle eut l'ambition de s'élever jusqu'à la grande peinture.

N'ayant vu aucun de ses tableaux, Monsieur, je ne me hasarderai pas à vous faire l'éloge de sa peinture.

Je vous renverrai à l'ouvrage classique de Nagler qui en parle avec un véritable enthousiasme. Elle eut son jour de gloire et de célébrité ; et elle mérita réellement cette récompense de ses efforts par la grâce et le charme de son dessin autant que par le mérite original de ses compositions, toutes qualités que la gravure suffit à nous faire apprécier. Parmi ses tableaux les plus remarqués, je vous citerai, Monsieur, la *Métamorphose de la nymphe Lodona en rivière,* d'après la scène décrite par Pope dans son *Parc de Windsor*. Son portrait de la belle Georgiana, duchesse de Devonshire, fut un triomphe ; elle avait eu l'heureuse idée de s'inspirer de quelques vers de Spenser, dans la *Reine des fées,* et de représenter la duchesse sous les traits de Cynthie qui perce les nuages. Elle eut l'honneur de contribuer à l'illustration du *Shakespeare* de Boydell ; toutefois sa composition tirée du *Soir des Rois* n'est pas heureusement conçue. Elle réussit mieux dans les *Heures*, d'après la première strophe de l'*Ode au printemps*, de Gray ; cette gracieuse composition orne le premier volume des *Poètes anglais* publiés par Maklin.

Je ne veux pas, Monsieur, vous énumérer les nombreux ouvrages de Marie Cosway, aujourd'hui dispersés dans les galeries anglaises ; il me suffit d'avoir évoqué les noms de Pope et de Spenser, ce qui vous explique les allusions contenues dans les vers d'André Chénier. A ce titre, je vous citerai encore une *Clytie*, inspirée des *Métamorphoses* d'Ovide, tableau auquel fait encore allusion André dans sa dédicace de l'*Esclave*. Tous ces ouvrages avaient été exécutés de 1781 à 1785 et reproduits par les meilleurs graveurs.

Cependant la mélancolie s'empara de l'âme de Marie Cosway, et au milieu des brumes de Londres sa santé s'altéra. Plante délicate, il lui aurait fallu l'air plus clément des bords de l'Arno. Cosway dut se résoudre, pour combattre le mal naissant, à faire voyager sa jeune femme. Il l'emmena en Belgique, puis en France où elle dut passer l'hiver de 1785 à 1786. Ce fut alors qu'André Chénier eut le bonheur de la connaître et qu'il subit, comme tant d'autres, les charmes d'une belle âme auxquels s'ajoutait la grâce irrésistible du plus charmant visage.

On a d'elle deux portraits. Dans le premier, fait par elle-même, elle s'est représentée assise au pied d'un arbre dans la campagne; elle est coiffée d'un large chapeau de paille orné d'une plume. Playter l'a gravé à Londres, au commencement de 1786. A Paris, tous ceux qui avaient approché de mistress Cosway voulurent conserver le souvenir de ses traits ; Jullien Fatou grava ce portrait et, le publia au mois d'août 1787. L'année suivante, Bartolozzi devait le reproduire de nouveau.

Le second portrait, postérieur à cette époque, est de Richard Cosway et fait le plus grand honneur à cet artiste. Elle est de face, et ses beaux cheveux blonds, relevés et bouclés, sont coiffés d'un turban. Ce ravissant portrait fut gravé en 1791 par Schiavonetti (1). Pendant son séjour à Paris, Richard Cosway fit plusieurs portraits, entre autres ceux du duc (1785) et de la duchesse d'Orléans, et celui de la duchesse de Polignac. On peut encore rappeler ce fait honorable pour sa mémoire, que ce fut lui qui offrit au roi, pour le Louvre, les magnifiques cartons de Jules Romain, et qu'en retour Louis XVI lui fit don de quatre belles tapisseries des Gobelins.

Marie Cosway ressentit pour les œuvres de David le même enthousiasme qu'André Chénier. Elle ne pouvait souffrir, dit la *Biographie des Contemporains,*

(1) On trouvera ce portrait gravé à l'eau-forte dans la nouvelle édition des *Poésies d'André Chenier* que je viens de publier ; 1 vol. in-32, librairie Charpentier, 1881.

qu'on ne partageât pas les sentiments d'admiration qu'un si beau talent lui inspirait.

Remise par le climat plus doux de Paris, mistress Cosway retourna à Londres, mais elle n'y retrouva plus ses premiers beaux jours : elle commençait à supporter difficilement le poids d'une union mal assortie. La pensée de revoir en Angleterre cette femme qui avait fait sur lui une profonde impression contribua peut-être à faire accepter à André Chénier le poste de secrétaire que lui avait offert M. de la Luzerne : sous de si charmants regards, l'Angleterre lui eût sans doute paru moins farouche.

Mais Marie Cosway quitta bientôt Londres avec son frère (1), emmenant en Italie sa petite fille, atteinte d'une maladie qui devait l'emporter. Elle fit un pèlerinage à Notre-Dame-de-Lorette et resta trois années absente. Elle perdit son enfant et dit adieu pour toujours à toutes les joies mondaines de sa jeunesse. Dès lors elle vécut presque toujours éloignée de son mari, d'abord à Paris, étudiant et travaillant au Louvre, dont elle voulait reproduire par la gravure les plus belles peintures ; puis, quand la guerre la

(1) Peintre et graveur. Il avaient obtenu une médaille d'or à une des expositions de l'Académie.

contraignit à s'éloigner, à Lyon, où elle ne fit qu'un séjour relativement court, enfin à Lodi, où elle fonda un collège pour l'éducation des jeunes filles. Quant à Richard Cosway, séduit par les idées nouvelles qu'avait répandues la Révolution, il ne tarda pas à perdre la faveur du prince de Galles ; il vit la critique juger plus sévèrement son talent facile et léger, et sentit décliner sa réputation. D'un esprit sans consistance, il s'adonna, de bonne foi ou non, à toutes les superstitions du somnambulisme ; puis l'âge et la maladie s'appesantirent sur lui. Après avoir été le jouet des charlatans, il termina assez misérablement, en 1821, une vie extravagante. Marie Cosway vint en Angleterre fermer les yeux de son mari, et, après sa mort, retourna s'enfermer dans sa retraite de Lodi, où elle vivait encore en 1830.

Telle fut, Monsieur, la vie de Marie Cosway, brillante à ses débuts, triste mais résignée vers la fin. Si elle ne connut pour elle-même qu'un bonheur bien court, aux premières heures de sa jeunesse, elle laissa partout où elle passa et chez tous ceux qui l'approchèrent, en Angleterre, en France, en Italie, l'inaltérable souvenir de sa grâce. Mais son âme avait encore reçu du ciel des dons bien rares, qui ne le cédaient pas aux charmes de son esprit et de sa beauté. Les auteurs de la *Vie de Reynolds* (1865), Leslie et Taylor, nous en ont conservé un beau témoignage. En faisant l'éloge de l'égalité d'âme de Reynolds, ils rappellent qu'il avait coutume de dire que le grand secret du bonheur ici-bas était de ne pas se laisser dominer et abattre par les petites misères de la vie, mais au contraire d'en détourner son esprit pour le reporter sur des sujets plus dignes de l'occuper. A ce sujet, Monsieur, je vous rappellerai ce vers peu connu d'André Chénier, puisqu'il n'a même pas été recueilli dans ses œuvres :

Les petits maux souvent veulent de fortes âmes (1).

Nous y retrouverons, il me semble, la même théorie morale et une des causes de la supériorité de l'âme d'André Chénier.

Mais je reviens à Marie Cosway. Les auteurs de la vie de Reynolds rapportent à cet endroit un passage tiré des *Conversations*, encore inédites, *de James Northcote avec Ward*. Northcote, qui a laissé des observations judicieuses et très fines sur les personnages de son temps, citait souvent mistress Cosway et Rey-

(1) Voyez ci-dessus, p. 44, les vers inédits retrouvés dans les *Annales romantiques*.

nolds « comme les deux seules personnes qu'il avait toujours vues supérieures aux événements ». Cela, Monsieur, n'est-il pas un bel éloge, digne d'être relevé et conservé ? C'est donc sans fausse complaisance que, dans le portrait de la jeune Florentine, André Chénier avait vanté en elle :

La paix, la conscience ignorante du crime,
Et la sainte fierté que nul revers n'opprime.

Nous avons là le secret de la vive et soudaine passion qu'André Chénier avait conçue pour Marie Cosway : son esprit pénétrant avait deviné en elle une âme d'élite.

LETTRES

A M. R. DEZEIMERIS

LETTRES

A M. R. DEZEIMERIS

I

J'ai là, Monsieur, devant les yeux un volume que vous avez eu l'amabilité de m'offrir, intitulé: *Leçons nouvelles et Remarques sur le texte de divers auteurs.* Entre Mathurin Régnier et Ausone, vous avez consacré plus de trente pages à André Chénier. Cette partie de votre volume, toute vivante de l'admiration que dès longtemps vous avez vouée au poète, est semée d'aperçus ingénieux, de rapprochements inattendus ; et vos lecteurs ont pu y reconnaître la féconde érudition à laquelle les Œuvres de Pierre de Brach ont dû de nos jours une illustration nouvelle. Je ne veux pas, Monsieur, m'emparer ici des savantes remarques que vous avez accumulées dans cet ouvrage. Toutefois, je ne puis résister au désir de mettre en lumière la sagacité avec laquelle vous avez corrigé un vers manifestement corrompu de l'*Aveugle*. Désormais on lira avec vous, dans le passage où le jeune poète énumère les sujets illustrés par les chants du vieil aède :

Les chansons, les festins, les vendanges bruyantes,
Et la flûte, et la lyre, et les *noces dansantes*.

Remplacer *notes* par *noces*, un *t* par un *c*, voilà qui est bien facile, ainsi que vous le remarquez. Eh bien ! comme pour l'œuf légendaire de Christophe Colomb, personne ne s'en était avisé avant vous.

Mais le point brillant de votre dissertation, c'est la découverte de la source antique à laquelle André Chénier a puisé le sujet de sa belle élégie du *Malade*.

Depuis bien des années, j'ai dans ma bibliothèque le petit roman de Théodore Prodrome, intitulé : *Aventures de Rhodanthe et de Dosiclès;* je n'avais jamais eu le courage de le lire. Vous avez eu, Monsieur, plus de curiosité que moi et vous en avez été justement récompensé. Le *Malade* est en effet imité d'une page charmante de ce roman grec, ce que vous avez démontré en traduisant en français un long passage de ce livre, en relevant tous les vers d'André, au nombre de près de cinquante, qui semblent dériver directement du roman de Prodrome, enfin en citant dans des notes correspondantes le texte même de l'auteur grec. Mais je veux laisser aux lecteurs, Monsieur, le plaisir de chercher et de lire dans votre volume toute cette fine et savante dissertation.

Un des charmes d'André Chénier est qu'on ne puisse ouvrir ses œuvres sans être tenté de relire les dix ou douze volumes qui renferment la fleur de la littérature grecque ou latine. Nombreux sont les jeunes esprits que la lecture d'André Chénier a gagnés aux études grecques. Depuis la publication de l'édition de 1874, qui contient beaucoup de fragments nouveaux, je suis assuré, Monsieur, que vous avez maintes fois refeuilleté comme moi votre Virgile et votre Théocrite, ou cherché dans quelque auteur plus lointain encore les traces des poétiques larcins du jeune dieu.

Je me suis laissé tenter, Monsieur, au désir de vous faire connaître quelques-unes de mes découvertes, et de répondre ainsi à votre aimable et flatteuse invitation. Le voyage est d'ailleurs plein d'attraits au milieu de cet élysée antique, et le chemin que l'on parcourt en compagnie des plus beaux génies de l'humanité vaut bien, après tout, le but qu'on se propose d'atteindre. Cependant, après vous avoir mis peut-être en goût de l'antiquité, je vais vous demander quelques instants de patience.

L'édition de 1874 renferme, ainsi que vous avez pu vous en apercevoir, un grand nombre de leçons manifestement vicieuses; mais, pour la plupart, leur correction ne nécessite pas de longues explications : il suffira dans une édition nouvelle de rétablir purement et simplement le véritable texte, sans s'attarder à d'inutiles discussions. Je ne m'y arrête donc pas ; mais, parmi les passages corrompus, il en est un fort curieux, où la reconstitution du texte demande quelques explications. Le meilleur moyen de résoudre le problème, me direz-vous, serait de consulter le manuscrit, qui était entre les mains de M. Gabriel de Chénier. Sans doute, mais je ne connais pas de sentiers secrets qui conduisent à ce jardin des Hespérides. Je suis donc obligé, Monsieur, pour corriger le texte imprimé, de reconstituer, sans le voir, celui du manuscrit, problème complexe qu'il est assez piquant de résoudre.

Vous vous rappelez certainement le joli fragment de l'*Art d'aimer*, qui débute ainsi :

> Quand Junon sur l'Ida plut au maître du monde,
> *Noüs* l'avait tenue au cristal de son onde.

Dans la seconde édition, en 1872, je remplaçai *Noüs*, qui était la leçon de 1819, par *Xanthus*, qui était, m'affirma-t-on, celle du manuscrit. En effet, dans l'édition de 1874, ce vers est donné ainsi :

> *Xanthus* l'avait tenue au cristal de son onde.

Malheureusement pour cette correction, M. Gabriel de Chénier crut devoir l'appuyer d'une observation. Voici comment il s'exprime : « Le premier éditeur n'avait sans doute pas pu lire le premier mot de ce vers, écrit en grec, et il crut déchiffrer *Noüs* dans Ξάνθος, écrit irrégulièrement et par abréviation. » Ainsi, de l'aveu de M. de Chénier, pour lire Ξάνθος, il faut admettre une abréviation, ce qui ne fait pas difficulté, et une irrégularité dans la façon dont le mot abrégé est écrit, ce qui est plus grave. Je ne veux pas vous traîner, Monsieur, par tous les détours qu'il a fallu prendre pour arriver à la solution de cette difficulté. Le problème consistait à reconstituer le texte de ce manuscrit de telle sorte qu'il rendît possibles les deux lectures pourtant si différentes de Latouche et de M. de Chénier. Eh bien ! car j'arrive immédiatement à la solution, le manuscrit doit porter κθος, avec une barre abréviative au-dessus du *kappa*. Tenez compte, Monsieur, de la différence qu'il y a nécessairement entre les caractères typographiques et ceux de l'écriture cursive, et ajoutez que probablement le mot n'est pas ou n'est plus très nettement tracé. Chacun des deux éditeurs a commis une erreur singulière. Latouche a cru avoir devant les yeux un mot écrit en caractères français ; il a pris le *kappa* (κ) pour la lettre *n*, le *thêta* (θ) pour un *o*, l'*omicron* (ο) pour un *u*, le *sigma* (ς) pour une *s*, et il a lu *noüs* sans hésitation. Quant à M. de Chénier (quoique *Xanthus* vaille sans doute mieux que *Noüs*), son erreur est peut-être plus étrange, car il a supposé qu'André avait écrit le mot ξάνθος, d'abord abrégé, moitié en caractères français, moitié en caractères grecs. En effet, après avoir bien lu la finale θός, il a imaginé qu'André (qui d'ailleurs se servait volontiers de minuscules) s'était *irrégulièrement* servi d'un *x* français à la place d'un *xi* grec (ξ) ; et il a lu xθος (avec le trait abréviatif), ce qui lui a donné ξάνθος, c'est-à-dire *xanthus*, ou *Xanthus* en rétablissant la majuscule. Or, en restituant ce qui doit être le véritable texte du manuscrit, on passe aisément de κθος (surmonté du trait abréviatif) à Κάναθος, c'est-à-dire *Canathus*, en adoptant, selon l'usage, la transcription latine.

Cette nouvelle leçon rend au vers et à la pensée du poète toute leur clarté. Canathus est le nom d'une fontaine des environs de Nauplie, dans laquelle Junon, selon les légendes argiennes, allait chaque année se baigner et recouvrait une fraîcheur de jeune fille. Si André n'avait pas encore remplacé le mot grec par le mot français, c'est que le vers exigeait une correction : il a en effet treize syllabes. C'est un passage qui avait besoin d'une légère retouche. Il faut aujourd'hui nous contenter de ce vers inachevé :

[*Kanathos*] l'avait tenue au cristal de son onde.

Ce n'est malheureusement pas le seul passage auquel il n'a pas été donné à André Chénier de mettre la dernière main.

Mais aucun poète, dans ce qui nous reste des œuvres de l'antiquité, ne me semble avoir fait usage de cette légende argienne, rapportée par Pausanias. Elle ne manque pas d'une certaine grâce érotique. Aussi André Chénier dut-il être frappé de cette amoureuse fiction s'il l'a par hasard rencontrée chez quelque poète moderne. Or Hubert, l'auteur de la traduction des œuvres de Gessner, à laquelle André doit plus d'un fragment de ses *Bucoliques,* avait traduit et publié en 1766, en quatre volumes in-12, un choix de poésies allemandes. On y trouve au tome second, page 284, un dithyrambe extrait des *Prosaische Gedichte* de M. de Gerstenberg, publiées à Altona en 1759, et intitulé les *Noces de Vénus et de Bacchus.* Les Muses, conviées au banquet nuptial, y chantent les amours des dieux, et entre autres la ruse de Jupiter métamorphosé en oiseau pour séduire Junon. « Ainsi chantèrent ces aimables filles (dit l'auteur, p. 297). Junon se rappelle avec plaisir le stratagème ; elle jette sur Jupiter un sourire qui avait toutes les grâces : un nouvel amour vient enflammer le cœur de la déesse. Elle attend que le jour se précipite dans le sein de Téthys pour se baigner dans le Canathus, dont les flots roulent avec eux le don brillant de la jeunesse.

Junon se prépare encore à faire goûter de nouveaux plaisirs au maître de l'Olympe. » Ne vous apparaît-il pas, Monsieur, que Chénier, quand il composait ce beau fragment de l'*Art d'aimer*, se souvenait de ce passage, où se retrouve jusqu'à l'expression de *maître du monde?* Ce rapprochement vient appuyer la leçon nouvelle, *Canathus*, qui, sauf recours au manuscrit, me paraît devoir être considérée comme définitive.

II

Vous êtes revenu, Monsieur, à deux reprises différentes, sur un passage de l'élégie du *Jeune malade*, qui avec raison ne vous paraît pas satisfaisant. On lit dans l'édition de 1819, qu'ont suivie les éditions 1862 et 1872 :

> Tiens, presse de ta lèvre, hélas ! pâle et glacée,
> Par qui cette mamelle était jadis pressée,
> Un suc qui te nourrisse et vienne à ton secours,
> Comme autrefois mon lait nourrit tes premiers jours.

L'édition de 1874 a mis un point après *pressée*, et corrigé le troisième vers conformément au manuscrit :

> Que ce suc te nourrisse et vienne à ton secours.

M. G. de Chénier s'est contenté du texte ainsi établi et a cherché même à le justifier. Or c'est avec raison que vous vous montrez rebelle à ses explications, réclamant un complément nécessaire au verbe *presse*. Seulement vous proposez de lire *tiens, présente ta lèvre*, au lieu de *tiens, presse de ta lèvre*. Je ne puis, Monsieur, vous suivre jusque là. André Chénier avait d'abord écrit :

Presse, mon fils, ce vase en tes lèvres fidèles
Comme elles ont pressé mes fécondes mamelles.

Il a ensuite voulu corriger ces deux vers assez médiocres ; et il a porté au-dessus les deux vers que donnent les éditions.

La conclusion, à laquelle on doit s'arrêter, c'est qu'André Chénier n'a pas achevé la correction qu'il se proposait de faire ; et que ce passage, tel qu'il est donné par M. G. de Chénier, se compose de deux vers appartenant à la seconde rédaction et de deux vers appartenant à la première, et destinés à être modifiés par suite de la correction commencée.

Il n'y a donc, à mon avis, qu'une solution : Puisque nous ne pouvons suppléer le poète et achever sa correction, il nous faut forcément reprendre les deux premiers vers, quoique médiocres, de la rédaction primitive.

Quant à la correction que vous proposez pour ce vers d'une des élégies :

Parmi des vendangeurs l'égare en des côteaux :

que vous voudriez lire ainsi :

Parmi des vendangeurs l'égare, et des côteaux
Elle cueille, etc. . . . .

je crois qu'il est préférable de s'en tenir à l'ancien

texte, ce vers ne me paraissant appeler aucune correction. Je suis assuré, d'ailleurs, que vous en demeurerez d'accord avec moi quand je vous aurai rappelé ce vers d'une autre élégie :

> Il s'égare à pas lents au penchant des vallées.

Voici maintenant, Monsieur, une légère correction que je vous soumettrai. Le premier vers d'un des fragments nouveaux (édit. 1874, II, p. 123) :

> Aux signes de l'aimant statue obéissante,
> S'enflamme au seul aspect d'un feu contagieux.

me paraît de toute évidence devoir être lu ainsi :

> Aux signes de l'amant statue obéissante.

Il s'agit de deux jeunes amants auxquels, de loin, un signe suffit pour s'entendre et pour s'aimer. C'est une situation analogue à celle qu'a peinte André Chénier dans ce passage d'une autre élégie :

> A mes signes, du fond de son appartement,
> Si ma blanche voisine a souri mollement, etc.

Voici une autre correction, qui porte sur un nom propre du poème intitulé *le Mendiant.* L'édition de 1819 avait nommé *Événon* le père de Lycus :

> Lycus, fils d'Evénon, que les dieux et le temps
> N'osent jamais troubler tes destins éclatants.

Or *Événon* n'a jamais été un nom grec ; j'ai donc

cru devoir le modifier et le changer en *Événor* (éd. 1872, p. 33). Eh bien, il me paraît certain aujourd'hui que le manuscrit doit donner, non *Événor*, mais *Évæmon* : cela, je pense, vous paraîtra évident lorsque je vous aurai rappelé ce passage, qui m'avait échappé, du deuxième livre de l'*Iliade* (v. 736) : « Ceux d'Ormenium et ceux de la source Hypérie, ceux qui habitaient Asterium et les blanches cimes du Titane, marchaient sous Eurypyle, le fils illustre d'Évæmon. » Non-seulement *Évæmon* est grec mais il a sur *Événor* l'avantage d'être un nom thessalien.

Je veux enfin vous signaler, Monsieur, une autre et dernière correction, bien plus importante, en ce qu'elle rétablit dans son intégrité un passage défiguré d'un des iambes. Ici, heureusement, le contrôle est facile, puisque tous les lecteurs ont sous les yeux le *fac-simile* de cette pièce, placé à la fin du tome premier de l'édition de 1874. Il s'agit de l'iambe célèbre qui débute ainsi :

Comme un dernier rayon, comme un dernier zéphire, etc.

Après les quinze premiers vers détachés par H. de Latouche, et neuf vers supprimés, mais aujourd'hui rétablis, la pièce continue :

Eh bien ! j'ai trop vécu. Quelle franchise auguste,

De mâle constance et d'honneur,
Quels exemples sacrés doux à l'âme du juste,
Pour lui quelle ombre de bonheur,
Quelle Thémis terrible aux têtes criminelles,
Quels pleurs d'une noble pitié,
Des antiques bienfaits quels souvenirs fidèles,
Quels beaux échanges d'amitié,
Font digne de regrets l'habitacle des hommes ?
La peur blême et louche est leur Dieu.

C'est le vers suivant, Monsieur, qui jusqu'à présenta résisté à la pénétration des éditeurs. Latouche, n'ayant pu déchiffrer le manuscrit, avait modifié, arrangé et dramatisé ainsi le vers et la pensée du poète:

Le désespoir !.... Le fer. Ah ! lâches que nous sommes !

Le passage se trouvait singulièrement obscurci. Toutes les éditions, impuissantes à y porter remède, conservèrent nécessairement le texte de 1819. Dans l'édition de 1874, M. Gabriel a donné ce vers, tel qu'il croyait le lire sur le manuscrit :

La peur blême et louche est leur Dieu,
La bassesse, la feinte. Ah ! lâches que nous sommes.

Le vers, d'obscur qu'il était, est devenu plat. Pour les deux mots *désespoir* et *bassesse* la lecture est certaine et ces mots sont très lisibles sur le manuscrit. Chénier a écrit le second au-dessous du premier sans effacer celui-ci. La correction peut être aisément figurée aux yeux ; en voici la disposition :

Le désespoir
a bassesse

. . . . .

C'est la suite qui fait difficulté. M. G. de Chénier dit en note : « Le mot *la honte* est surchargée et on lit *la feinte.* » Dans les *Documents nouveaux*,[1] je me contentai d'affirmer que le premier mot écrit par Chénier n'avait pas été *la honte* et qu'il était impossible de lire *la feinte.* Enfin je déclarai le cas presque désespéré.

Eh bien, aujourd'hui, ce vers ne fait plus difficulté pour moi: le manuscrit me paraît avoir livré son secret. Les premiers mots écrits par André ont été *le fiel ;* il a ensuite surchargé ces deux mots et écrit *la honte.* Mais ne vous hâtez pas, Monsieur, de recourir au manuscrit: il est probable que vous ne verriez pas *la honte* sans une explication préalable et sans une indication succincte de la disposition manuscrite des lettres.

Quelle était la pensée du poète ? Voulant montrer que rien n'est digne de regrets sur la terre, il jette un triste regard sur la situation morale de ses compagnons et sur la sienne. Pour eux,

La peur blême et louche est leur Dieu.

Pour lui qu'a-t-il à regretter ? *Le désespoir, le fiel* le dévorent. Mais il s'arrête, il suspend sa pensée, après avoir écrit la première moitié de son vers :

Le désespoir, le fiel. . . . .

Tout à l'heure cette pensée lui reviendra, et au contraire trouvant dans ce désespoir et dans ce fiel la seule raison morale qui lui reste de ne pas déserter la lutte, il s'écriera, dans un mouvement d'une poignante éloquence :

O ma plume, fiel, bile, horreur, dieux de ma vie,
Par vous seuls je respire encor !

Mais avant de sentir se ranimer en lui l'énergique désir de vivre et de punir, il s'abandonne à un instant de défaillance, et modifiant la première rédaction de ce passage il le corrige ainsi :

La peur blême et louche est leur Dieu ;
La bassesse, la honte. Ah ! lâches que nous sommes !
Tous, oui, tous. Adieu, terre, adieu.

C'est-à-dire : et moi aussi la peur, la bassesse et la honte sont mes dieux, car je n'ose frapper les tyrans. Le développement successif de la pensée d'André Chénier n'a plus rien, il me semble, ni d'obscur ni d'embarrassant. Il me reste à lever pour vos yeux la difficulté du manuscrit.

Je ne reviens plus sur ces mots *le désespoir, la bassesse* qui forment variante. Après cette double expression, André a écrit d'abord *le fiel*. L'*f* est encore très-visible, ainsi que l'*i* dont le point se voit encore parfaitement. Enfin après l'*e* vient l'*l*; mais vous remarquerez que cette lettre est placée un peu haut, au-dessus de la base horizontale du mot. Vous pourrez faire la même observation au sujet de plusieurs mots de cette même pièce dont les dernières lettres sont ainsi placées en l'air sur le manuscrit.

Voici maintenant comment il a exécuté sa correction : il a surchargé l'*e* muet de *le* qui est devenu *la*. L'*f* et l'*i* du mot *fiel* ont formé l'*h* dont la demi-boucle commence précisément sur le point de l'*i*. Il a ensuite changé l'*e* en *o* ; puis l'*l* est devenu un *t*, et on aperçoit assez nettement une tentative de barrage. Le délié inférieur de l'*l* devenu *t* a été prolongé et s'est terminé à l'*e* muet du mot *honte*. Quant à l'*n*, remarquez en bas et après l'*o* un petit trait oblique qui vous conduira à cette lettre placée sous l'*l*. Vous savez combien dans ses corrections André est économe des lettres : c'est ainsi qu'au commencement du vers, au lieu d'écrire *la*, il s'est contenté de placer un *a* au-dessus de l'*e* muet du mot *le*. Ici en surchargeant le mot *fiel* il avait formé toute les lettres du mot *honte* sauf l'*n*. Il a placé cette dernière sous le *t* en indiquant par un petit trait la place qu'elle devait occuper après l'*o*. Malgré toute la différence qu'il y a entre l'écriture et les caractères d'imprimerie, on peut cependant dessiner aux yeux la disposition typographique des lettres du mot *honte :*

ho te
n

Il faudrait nécessairement le trait oblique indispensable pour indiquer la place de l'*n* entre l'*o* et le *t*.

J'espère, Monsieur, que ce passage ne fera plus difficulté pour vous ; et je m'estime heureux d'avoir pu restaurer ce vers défiguré des iambes, dont pendant longtemps j'avais désespéré.

III

Parmi les nombreux fragments inédits qu'a mis au jour l'édition de 1874, il en est beaucoup pour lesquels André Chénier a pris soin d'indiquer sur son manuscrit les passages des auteurs anciens qui les lui ont inspirés. Pour d'autres il a négligé d'indiquer la source où il a puisé. C'est à ces derniers, Monsieur, que je m'attacherai, en laissant de côté à dessein ceux qui, à ce point de vue, ont déjà arrêté les regards de la critique. Je m'efforcerai d'ailleurs de ne pas multiplier les rapprochements outre mesure et de ne m'attacher qu'à ceux où l'imitation est évidente. Il ne faut pas exiger de moi beaucoup d'ordre ; j'irai un peu de çà et de là, en tâchant cependant d'être court.

La première pièce sur laquelle j'appellerai votre attention a vingt-cinq vers, la plupart de sept syllabes, dont quelques-uns seulement laissent entendre une rime (éd. 1874, II, p. 232). Elle débute ainsi

> Maintenant la loi sacrée
> Veut que j'appelle à nos chœurs
> Pallas, amante des chœurs ; etc.

Il est assez difficile de savoir quelle en était la

destination. Peut-être n'en avait-elle pas de bien définie dans l'esprit du poète ; et ce qui tendrait à le faire croire, c'est que ce morceau n'est autre chose qu'une traduction très exacte d'un chœur des *Thesmophories* d'Aristophane (éd. Didot, V. 1136-1158). Chénier a suivi le texte pas à pas, et a coupé ses vers comme le sont ceux d'Aristophane dans l'édition de Brunck. Il sera dès lors facile de corriger la ponctuation défectueuse du texte de l'édition de 1874.

De l'idylle qu'il voulait composer sur les Triétériques, et dont la plupart des traits auraient été tirés des *Bacchantes* d'Euripide, nous n'avons qu'un court fragment de neuf vers (I, p. 171) :

> L'une, agitant le thyrse environné de lierre,
> Vole, frappe le roc ; soudain le roc frappé
> Lance un torrent liquide à grand bruit échappé, etc.

Ce petit morceau, dont le mouvement précipité rend très bien le désir haletant des bacchantes, est en effet traduit (un peu plus librement que le fragment précédent) du drame d'Euripide et pris dans le récit du messager (éd. Didot, V. 704-711).

Parmi les *Élégies* (III, p. 132), je rencontre un petit tableau champêtre et antique, un chant bucolique (bien qu'André l'ait indiqué comme pouvant entrer dans une élégie), et qu'on peut intituler : *La plainte du faune :*

Je suivis l'autre jour un doux et triste son,
Et d'un faune plaintif j'ouïs cette chanson :
« Amour, aveugle enfant, quelle est ton injustice !
« Hélas ! j'aime Naïs ; je l'aime sans espoir.
« Comme elle me tourmente, Hylas fait son supplice
« Echo plaît au berger, il vole pour la voir ;
« Echo loin de ses pas suit les pas de Narcisse,
« Qui la fuit pour baiser un liquide miroir. »

Les six derniers vers sont imités du début de la cinquième idylle de Moschus. Je ne vous citerai pas, Monsieur, les vers du poète grec ; car, entre nous, ils sont médiocres ; ceux d'André Chénier sont beaucoup plus jolis.

Mais voici un poétique larcin, qui vous frappera davantage par la grandeur de la pensée et la pompe de l'expression. Chénier avait l'intention d'amener à la fin d'un ouvrage, dont il n'indique pas le sujet, cette magnifique péroraison (II, p. 226) : « Salut, « hommes vertueux... Puissent dans le tombeau vos « cendres se réjouir de ce que le Grec de Byzance a « osé vous chanter !

Tel que, tenant en main la coupe étincelante,
Où la vigne bouillonne en rosée odorante,
Un père triomphant et de fleurs couronné
Boit, et puis la présente au gendre fortuné
A qui ce doux présent donne, avec des richesses,
D'une vierge aux yeux noirs le lit et les caresses ;

Ainsi, quand des mortels que la vertu conduit
Brillent comme une étoile au milieu de la nuit,
Dans une coupe d'or la chaste poésie
Leur verse par mes mains l'immortelle ambrosie,
Boisson qui fait des dieux. . . . .

Ces vers sont superbes, sauf le huitième qui est faible, bien que l'image soit antique et fréquente chez les poètes grecs, entr'autres chez Apollonius de Rhodes. Or, ils sont la traduction, très heureuse, du début de la septième olympique de Pindare : « Comme un père qui, saisissant de sa main opulente une coupe où bouillonne la rosée de la vigne, boit et offre au jeune époux de sa fille cette coupe toute d'or, ornement du nouveau foyer, la fleur de sa richesse et le charme des festins, honorant ainsi le fils de son choix, dont l'heureux hymen éveille un désir jaloux parmi les amis qui en sont témoins ; de même je verse un nectar, présent des Muses, aux athlètes couronnés, et ce doux fruit du génie va réjouir les vainqueurs d'olympie et de Pytho. » Les imitations de Pindare sont assez rares chez André Chénier pour que celle-ci ait mérité d'être relevée. Je ne m'aventurerai pas dans la comparaison des deux textes; je me contenterai de vous signaler une modification introduite par le poète français, qui a fait de la coupe un signe symbolique du mariage, et qui, par cette nuance heureuse, quoique non conforme aux usages grecs, donne un relief saisissant à sa pensée.

Puisque le nom d'Apollonius est tout à l'heure venu incidemment sous ma plume, je veux vous rappeler que ce joli vers d'une élégie adressée à Marie Cosway:

> Mon âme comme un songe autour de ton sommeil
> Voltige. . . . .

vient directement du chantre des Argonautes, qui, voulant peindre l'amour irrésistible qui entraîne Médée vers le héros de la toison d'or, emploie cette mélancolique image : « Son âme, comme un songe, voltigeait sur les traces de Jason. »

Mais Aristophane, Euripide, Pindare, Apollonius même, composent la lecture courante de tous ceux qui s'abandonnent encore au charme de la littérature antique; et parmi nos poètes modernes il en est plus d'un qui serait capable de leur ravir à l'occasion quelque romantique image. Qui d'entre eux s'aviserait d'aller chercher des inspirations dans les fragments de Callimaque et dans les commentaires latins de Richard Bentley ? André Chénier seul a su butiner au milieu des ronces sans y déchirer ses ailes. Voici, Monsieur, deux beaux fragments dus au poète de Cyrène. Le premier est ancien et célèbre :

Tout mortel se soulage à parler de ses maux.
Le suc que d'Amérique enfantent les roseaux
Tempère au moins un peu les breuvages d'absinthe.
Ainsi le fiel d'amour s'adoucit par la plainte ;
Soit que le jeune amant raconte son ennui
A quelque ami jadis agité comme lui,
Soit que, seul dans les bois, ses éloquentes peines
Ne s'adressent qu'aux vents, aux rochers, aux fontaines (1).

Pour en trouver la source, il vous faut ouvrir le Callimaque de Spanheim (I, p. 323), et vous arrêter au soixante-septième des fragments réunis par Bentley. Voici la traduction de ces vers mutilés de Callimaque: « Ainsi deviennent moins pesants les soucis de l'homme, ainsi se guérit une partie de ses maux, soit qu'il s'adresse à quelque compagnon de route, soit qu'il raconte ses peines aux brises légères qui passent pourtant sans l'entendre. » Le dernier trait, que ma traduction a mis un peu en évidence, est beau de mélancolie, et c'est à lui que Callimaque doit de rester encore le vainqueur de son jeune émule. Mais celui-ci va prendre sa revanche.

Le cinquante-deuxième fragment de Callimaque (éd. Spanheim, I, p. 319) se compose de deux vers,

(1) Amadis Jamyn a dit dans une élégie à sa maîtresse :

Combien de fois renouvelant la gloire
De vos vertus, sur les rives de Loire,
Ai-je conté mes plaintes nuit et jour
Aux vents ailés que j'échaufais d'amour !

recueillis dans les commentaires d'Olympiodore sur les *Météores* d'Aristote, et dont voici la traduction : « Le même homme à la fois peut aimer et haïr ; il peut aimer Vesper, il peut haïr l'aurore. » Bentley donne le sens, assez clair d'ailleurs, de ce fragment ; il s'agit des jeunes époux qui appellent le soir de leurs vœux et voudraient éloigner le retour du jour. Il cite un passage du *Ciris*, petit poème attribué à Virgile, où est exprimé le sentiment contraire : que les jeunes vierges redoutent le soir et désirent le retour de l'aurore. Bentley aurait pu enrichir son commentaire de quelques vers empruntés au *Chant nuptial* de Catulle, où les jeunes filles chantent mélancoliquement : « Vesper ! est-il au ciel un astre plus cruel ! » et où les jeunes hommes leur répondent sans pitié pour leur naïve pudeur : « Vesper ! est-il au ciel un astre plus aimable ! » Surtout le commentateur aurait pu rappeler heureusement cette charmante épigramme de Méléagre dont André a transcrit le texte sur son manuscrit : « Phosphore, avant-courrier de l'aurore, puisses-tu bientôt, sous le nom de Vesper, me ramener en secret celle que tu arraches de mes bras. » Nous avons maintenant, tous rassemblés, les éléments qu'a mis en

œuvre André Chénier avec un art et une grâce incomparables. Dans cette courte pièce de douze vers, vous retrouverez au troisième un souvenir de Catulle ; les suivants viennent plus directement de Callimaque, tandis que le septième et le huitième rappellent le passage du *Ciris*, cité par Bentley. Enfin, en rejoignant le premier et les deux derniers vers, vous recomposerez le délicieux distique de Méléagre. Voici ces vers, qui brillent par l'élégance du style autant que par la grâce amoureuse de la pensée :

O quel que soit ton nom, soit Vesper, soit Phosphore,
Messager de la nuit, messager de l'aurore,
Cruel astre au matin, le soir astre si doux !
Phosphore, le matin, loin de nos bras jaloux,
Tu fais fuir nos amours tremblantes, incertaines ;
Mais le soir, en secret, Vesper, tu les ramènes.
La vierge qu'à l'hymen la nuit doit présenter
Redoute que Vesper se hâte d'arriver.
Puis, aux bras d'un époux, elle accuse Phosphore
De rallumer trop tôt les flambeaux de l'aurore.
Brillante étoile, adieu, le jour s'avance, cours.
Ramène-moi bientôt la nuit et mes amours.

Quittons Callimaque et les poètes grecs. Vous vous rappelez, Monsieur, ce fragment d'idylle, publié dès 1819, ce dialogue entre deux bergers, dont l'un convoite la possession prématurée de la jeune Damalis ? Le commencement et cette charmante image de la génisse innocente sont, nous le savons depuis longtemps, directement tirés d'Horace. La suite de l'idylle abonde en détails pleins de grâce et d'une poétique lasciveté :

> Le fruit encore vert, la vigne encore acide
> Tentent de ton palais l'inquiétude avide.
> Va, l'automne bientôt succédant à des fleurs
> Saura mûrir pour toi leurs mielleuses liqueurs...
> Attends, le jeune épi n'est point couronné d'or...
> La fleur n'a point percé sa tunique sauvage... etc.

Qui pensez-vous, Monsieur, qui ait été cette fois l'inspirateur d'André Chénier? C'est Eumathe Macrembolite, l'auteur du petit roman grec intitulé : *Hysminé et Hysminias*. André l'avait lu, comme vous l'en soupçonniez dans vos *Remarques*, et il s'est emparé de ce petit tableau, le seul qui ait quelque saveur littéraire dans cette fade histoire d'amour : « Mais Hysminé résiste avec force ; elle m'oppose ses mains, ses pieds, ses paroles et ses larmes. Hysminias, me dit-elle, respecte ma virginité. Ne moissonne pas l'épi avant la saison des chaleurs, le bouton de rose avant qu'il ne soit entr'ouvert, le raisin avant qu'il ne soit mûri par le soleil. Crains, en pressant trop la grappe, de n'exprimer au lieu du nectar qu'une liqueur aigre et désagréable. Tu cueilleras l'épi alors qu'il sera jauni par le soleil, la rose alors que tu verras son bouton s'entr'ouvrir, le raisin lorsque ses grains commenceront à se colorer. » Ne pensez-vous pas, Monsieur, que le meilleur titre de gloire de l'obscur auteur de ce petit roman grec sera désormais d'avoir inspiré quelques vers charmants à André Chénier ? Un léger rayon a pour toujours effleuré son front.

IV

Je voudrais éviter, Monsieur, d'être trop prodigue de citations. J'ai cependant encore bien des rapprochements à vous signaler. Dans un poème sur la littérature, que l'éditeur de 1874 a fort mal à propos intitulé : *les Cyclopes littéraires,* tandis que ce titre n'appartient en réalité qu'à un morceau de vingt-quatre vers (1) (comme le dit André lui-même, page 150), je ne vois à vous indiquer qu'une imitation d'Horace. Le passage qui débute par : *La folie a du bon,* etc., est tiré de la seconde épître du livre II (v. 136) ; et quelques vers ne sont qu'une traduction du passage correspondant d'Horace. Chénier doit plus à Virgile.

(1) N'avons-nous pas précisément rassemblés, de la page 145 à la page 173 du tome deuxième de l'édition de 1874, les fragments de ce poème « étendu », qui, nous dit M. G. de Chénier dans sa notice, p. CLII, « aurait eu pour objet la littérature » ? Et ce poème ne serait-il pas tout simplement un *Art poétique?* En tête d'autres fragments, qu'on aurait dû joindre à ce poème, André Chénier a placé cette indication περὶ ποιητ., que M. de Chénier explique par περὶ ποιητῶν. M. de Chénier est-il sûr de son interprétation? Pourquoi ces mots ne signifieraient-ils pas plutôt περὶ ποιητικῆς, qui est le titre même de l'ouvrage d'Aristote, et que l'on peut traduire par *de l'Art poétique* ou *de la Poésie?*

Dans le petit fragment (I, p. 158), où il dépeint la folie des filles de Prætus, vous avez déjà reconnu, j'en suis certain, un passage de la sixième églogue. C'est encore Virgile (*Énéide*, I, 498) qui lui a inspiré ce joli morceau bucolique où il nous peint Diane entourée de ses nymphes (I, p. 164) :

Son épaule divine agite son carquois ;
La plus belle du chœur, quoique toutes soient belles,
Elle marche, et son front s'élève au-dessus d'elles.
Latone la contemple. A cet aspect divin
Un orgueil maternel vient chatouiller son sein.

Mais, par delà Virgile, André se souvient d'Homère (*Od.*, VI, 102). « Diane surpasse toutes ses nymphes, » se contente de dire le poète latin ; le vieil Homère avait ajouté : « Et belles elles sont toutes ! » André s'est empressé de recueillir cette goutte d'essence de rose. Dans le salut qu'il adresse du haut des monts à la belle Italie (III, p. 172) :

Salut, terre où Saturne a trouvé le repos,
Terre en moissons féconde et féconde en héros !

Tous les lecteurs auront reconnu la superbe invocation des *Georgiques* (III, 173) :

Salva, magna parens frugum, Saturnia tellus,
Magna virum. . . . .

Dans un fragment destiné à l'*Hermès* Chénier compare les hommes à une nation de fourmis (II, p. 92):

« Dans les champs le noir peuple chemine. » C'est à Virgile qu'il emprunte cette ingénieuse comparaison. Celui-ci a dit (*Énéide*, IV, 404) : *It nigrum campis agmen*. Et, pour le noter en passant, voilà un hémistiche qui a eu une singulière fortune. Avant Virgile, Ennius s'en était servi pour peindre une troupe d'éléphants en marche ; avant Ennius, Attius l'avait appliqué à une troupe d'Indiens.

Au surplus, Virgile est partout dans l'œuvre de Chénier. Ici (I, p. 165), s'adressant à Proserpine : « O Junon des enfers, » s'écrie-t-il, s'emparant de l'expression de l'*Énéide* (VI, 138) ; là, dans un fragment où il décrit la danse d'Ariane (I, p. 132), nous retrouvons l'*inextricabilis error* de Virgile (*Én.*, VI, 27), tandis que le vers suivant débute par le *flavo hospite* de Catulle (LXIV, 98). Dans ce vers, qu'il adresse à la Muse, dans un des plus beaux morceaux de la poésie française (II, p. 135) :

Prends les ailes des vents, les ailes des éclairs,

nous reconnaissons la pittoresque gradation de l'*Énéide* (V, 319), lorsque Virgile nous représente Nisus, *ventis et fulminis ocior alis*. Autre part, c'est une expression concise, *Bacchatum jugis Naxon* (*Én.*, III,

125), qui se développe en un vers qu'André jette tout frémissant au milieu de ses notes (I, p. 168) :

> Les sommets de Naxos bruyants de bacchanales,

tandis que, deux lignes plus loin, c'est à Callimaque (*Hym. à Apol.*) qu'il ravit les quatre vers où il célèbre cet autel prodigieux *que vit* (et non *que fit*) former le Cynthe des rameaux des cerfs frappés par les flèches de Diane. Une autre fois, c'est un vers de la troisième églogue :

> *Idem amor exitium est pecori pecorisque magistro,*

qui lui inspire ce fragment destiné à quelque bucolique (I, p. 153) :

> Mais l'amour, l'amour seul est le pasteur suprême
> Du chien, et des brebis, et du pasteur lui-même.

Cet autre vers d'une bucolique (I, p. 130) :

> Offre une brebis noire à la noire tempête,

est encore traduit de Virgile (*Énéide*, III, 120) : *Nigram Hiemi pecudem*. Quand dans une élégie Chénier parle des *bruyantes nuits* du Cithéron, c'est qu'il se souvient d'un passage de l'*Énéide* (IV, 304) : *nocturnusque vocat clamore Cithæron*. Voyez comme l'éditeur de 1840 a été bien avisé de changer *bruyantes* en *brillantes*? Il faut réfléchir avant de changer ou de critiquer une épithète dans André Chénier, car on court le risque de *donner sur sa joue un soufflet à Virgile.*

Maintenant voici deux beaux fragments, deux morceaux d'attente, qui devaient entrer dans cet *Hermès,* auquel André travaillait depuis bien des années ; c'est encore à Virgile qu'il les doit. Vous savez certainement par cœur, Monsieur, le superbe passage du troisième livre des *Géorgiques,* où le poète a dépeint la fureur qui s'empare de tous les êtres au temps des amours. André l'a reproduit dans le morceau (II, p. 223) qui débute ainsi : « *Aux déserts de Barca,* etc. » Vous y retrouverez les vers de Virgile presque fidèlement traduits :

> Jamais de plus de morts, de meurtres, de carnages
> L'Afrique n'abreuva ses infâmes rivages.
> Dieux ! que je plains alors l'étranger oublié
> Qu'à ses bords..... la mer retient lié !

Et André développe ce sombre tableau ; il peint les angoisses du voyageur, seul, la nuit, sans sommeil, et frissonnant de terreur au milieu des rugissements des bêtes féroces. Le passage qui suit le précédent dans les *Géorgiques* n'est pas moins beau, mais il est d'une couleur moins sobre.

> *Nonne vides ut tota tremor pertentet equorum*
> *Corpora, si tantum notas odor attulit auras?* Etc.

Chénier, on devait s'y attendre, s'en est aussi emparé. Son imitation, ici encore plus développée que l'original, est restée inachevée; mais elle n'en est pas moins un chef-d'œuvre plein de mouvement et de grâce (II, p. 224) :

> Vois dans les champs de Thrace un coursier échappé :
> De quel frémissement tout son corps est frappé,
> Sitôt que dans les airs une trace semée
> A porté jusqu'à lui l'odeur accoutumée ! Etc.

J'abandonne Virgile, Monsieur, mais sans l'épuiser: chaque lecture offre en foule des rapprochements nouveaux.

Le charme qu'offre la lecture des œuvres d'André Chénier est doublé par les rapprochements qu'elle suggère; c'est une évocation perpétuelle des plus charmantes créations de la poésie grecque ou latine. D'un mot il fait revivre à nos yeux le monde antique, il ranime des morts illustres couchés depuis près de deux mille ans dans leur tombe. Une simple note, celle-ci, par exemple (II, p. 101) : « Gît le cadavre épars d'une ville, » ressuscite la grande figure de Cicéron, et le blanc fantôme de sa chère Tullie descendue au royaume des ombres. C'est qu'il rappelle soudain à la mémoire cette belle et éloquente lettre que Sulpicius écrivait à Cicéron (*Lettres familières,*

IV, v), pour le consoler de la mort de sa fille : « Ex Asia rediens, cum ab Ægina Megaram versus navigarem, cœpi regiones circumcirca prospicere. Post me erat Ægina, ante Megara, dextra Piræus, sinistra Corinthus : quæ oppida quodam tempore florentissima fuerunt, nunc prostrata et diruta ante oculos jacent. Cœpi egomet mecum sic cogitare : Hem ! nos homunculi indignamur, si quis nostrum interiit, aut occisus est, quorum vita brevior esse debet, *cum uno loco tot oppidum cadavera projecta jaceant ?* »

Si vous le voulez bien, nous passerons aux élégiaques latins. On devait s'attendre à rencontrer dans l'*Art d'aimer* d'assez nombreuses imitations d'Ovide. En voici en effet quelques-unes (toujours parmi les morceaux dont André n'a pas indiqué la source sur ses manuscrits), que vous me permettrez de vous désigner sans m'y arrêter. Le joli fragment (III, p. 138):

> Ni l'art de Machaon, ni la plante divine
> Qui ranime le flanc des biches de Gortyne,
> Ni les chants de Circé qui font pâlir le jour
> N'ont pouvoir de guérir la blessure d'amour, etc.

lui a été inspiré à la fois par Ovide (*Ars*, II, 491) et par Properce (II, 1, 57). Le morceau, moins bien venu (III, p. 142): *Fuis d'employer jamais les armes de Médée*, etc., vient directement d'Ovide (*Ars*, II, 101); et dans cet autre fragment (III, p. 139):

On ne vit que pour soi, l'amitié n'est qu'un nom,
Je veux que mon ami soit hors de tout soupçon ;
Mais je vais, tout rempli de mon enchanteresse,
Lui conter mes plaisirs, sa beauté, mon ivresse ; etc.,

vous avez déjà reconnu, presque fidèlement traduit, le passage d'Ovide (*Ars*, I, 740) : *Nomen amicitia est*, etc. Enfin, dans les *Bucoliques* (I, p. 145), les paroles que le bouvier adresse à la génisse Pardalis se terminent par un trait emprunté aux *Métamorphoses* (I, 747) :

Nunc dea linigera colitur celeberrima turba.

Je vous rappellerai maintenant ces vers délicieux d'André Chénier :

Mais surtout (sans les yeux quels plaisirs sont parfaits ?)
Laissez, près d'une couche ainsi voluptueuse,
Veiller, discret témoin, la cire lumineuse ;
Elle a tout vu la nuit, elle a tout épié ;
Dès que le jour paraît, elle a tout oublié.

Ce charmant passage est encore dû à une imitation. Il est tiré d'un fragment de Pétrone, intitulé *Epithalimicum* (Ed. Panckouke, tome II, p. 254) :

... Sed vigiles nolite extinguere lychnos.
Omnia nocte vident : nil cras meminere lucernæ.

Parmi les passages que Properce a fournis au poète français, je vous citerai dans l'idylle maritime intitulée : *Dryas* (1), qui aurait mérité de figurer dans

(1) Les quatre vers (I, p. 131) que M. G. de Chénier a joints à l'idylle maritime, intitulée *Dryas*, probablement parce qu'ils lui

l'édition de 1819, la belle invocation (I, p. 130) :

Dieux de la mer Égée, ô vents, ô dieux humides !

Elle est tirée de l'élégie où Properce pleure le naufrage de Pétus, qui, avant de disparaître sous les flots, laisse échapper cette plainte suprême (III, VII, 57) :

Di maris Ægæi, quos sunt penes æquora venti,
Et quæcumque meum degravat unda caput,
Quo rapitis miseros primæ lanuginis annos ?

Que de fois, Monsieur, n'avez-vous pas murmuré ce délicieux distique de Properce (II, XV, 23) :

Dum nos fata sinunt, oculos satiemus amore :
Nox tibi longa venit ; nec reditura dies ;

et chaque fois, j'en suis certain, sont venus s'entrelacer à ces vers ceux du tendre Catulle, que depuis ont soupirés toutes les lèvres qui ont connu les délices d'un baiser :

Vivamus, mea Lesbia, atque amemus,
Rumoresque senum severiorum
Omnes unius æstimemus assis.
Soles occidere et redire possunt :
Nobis, quum semel occidit brevis lux,
Nox est perpetua una dormienda.

André ne pouvait laisser échapper d'aussi doux ac-

font suite sur le manuscrit, doivent en être séparés. C'est un autre sujet. Ces quatre vers sont une épitaphe, que Chénier aurait introduite dans une de ses halieutiques, mais ils ne tiennent pas à l'idylle de *Dryas*.

cents. S'inspirant à la fois de Catulle et de Properce, rivalisant avec eux de mélancolique tendresse, il a composé (III, p. 163) ces vers exquis :

Lycoris, les amours ont un plus doux langage.
Jouissons, être heureux c'est sans doute être sage.
Vois le soleil mourir au vaste sein des eaux :
Téthys donne la vie à des soleils nouveaux,
Qui mourront dans son sein et renaîtront encore.
Pour nous un autre sort est écrit chez les dieux :
Nous n'avons qu'un seul jour, et ce jour précieux
S'éteint dans une nuit qui n'aura point d'aurore.
Vivons, ma Lycoris, elle vient à grands pas,
Et dès demain peut-être elle nous environne :
Profitons du moment que le destin nous donne,
Ce moment qui s'envole et qui ne revient pas.
Vivons, tout nous le dit ; vivons, l'heure nous presse :
Les roses dont l'amour pare notre jeunesse
Seront autant de biens dérobés au trépas.

Hélas ! qui pourrait reprocher à la poésie cette voluptueuse philosophie ! N'avait-il pas raison, cet infortuné, de profiter du moment que lui laissait le destin pour aimer, surtout pour chanter et pour céder à cette divine inspiration dont la mort allait trop tôt tarir la source !

V

André Chénier avait une prédilection pour Tibulle et il en a fait un bel éloge dans des vers peu connus jusqu'ici, et que vous me permettrez, Monsieur, de vous rappeler. Je les extrais d'un long morceau, destiné à ce poème sur la littérature, édité en 1874, sous le titre des *Cyclopes littéraires* (1). Après avoir loué Horace d'avoir refusé un emploi fructueux, et Virgile d'avoir su se choisir une retraite libre, il s'écrie (II, p. 168) :

Combien tous deux pourtant sont loin de mon Tibulle !
Il ignore l'encens ; l'amour et l'amitié
De son cœur, de ses vers occupent la moitié.
Messala, Némésis et Néère et Délie
Sont les rois, sont les dieux qui gouvernent sa vie.
. . . .
Vrai sage, non jamais tu n'as pu te résoudre
D'aller au Capitole et d'adorer la foudre.
Les césars ni les dieux n'ont de foudre pour toi.
Sur un lit amoureux, doux témoin de ta foi,
Tu te ris de l'orage et des vents en furie,
Et presses sur ton sein le sein de ton amie.
Seule, de ta carrière elle embellit le cours ;
Son souvenir loin d'elle a soutenu tes jours ;
Elle-même fila de sa main fortunée.

(1) Voyez ci-dessus la note, p. 163.

Cette trame si belle et sitôt terminée ;
Elle sut quand la mort te frappait de ses traits,
Sous d'amoureuses fleurs déguiser tes cyprès ;
Ses baisers suspendaient ton âme chancelante,
Et tu tenais sa main de ta main défaillante.
Hélas ! qu'ainsi ne puis-je obtenir du destin
A cette douce vie une si douce fin !

Quels vers délicieux et faciles ! quelle grâce aisée et charmante ! que cette muse est touchante dans son mol abandon ! que ces accents partis du cœur d'un poète pénètrent sans effort dans le nôtre ! Nos vers modernes, dans leur forme plus savante, manquent trop souvent de cette musique enchanteresse dont l'oreille et l'âme se bercent tour à tour. Ce n'est pas seulement pour le plaisir de relire de beaux vers que je vous ai cité ce long passage. Il donne lieu à quelques observations qui ne sont pas sans intérêt. André Chénier a repris la pensée exprimée dans le dernier vers, et l'a reproduite presque sous la même forme dans une des deux strophes inédites de l'*Ode aux premiers fruits de mon verger*, qu'Aimé Martin nous a heureusement conservées :

O chimère ! ô souhait ! ô d'une noble vie
Plus noble et plus heureuse fin !

A défaut même du témoignage d'Aimé Martin, la comparaison de ces deux passages eût suffi pour légitimer l'attribution de ces strophes à André Chénier.

Dans l'éloge qu'il fait de Tibulle, le poète français ne pouvait pas oublier la célèbre élégie (III, IX), dans laquelle Ovide a pleuré la mort prématurée de son ami. En effet, il lui a emprunté un des traits les plus touchants : *Me tenuit moriens deficiente manu.* Remarquez, Monsieur, avec quel art André a su amener ce vers d'Ovide, après avoir justement, dans le morceau qui précède, ravi à Tibulle lui-même (I, I, 45) ce distique plein d'une amoureuse langueur :

Quam juvat immites ventos adire cubantem
Et dominam tenero detinuisse sino !

André, qui sentait le charme mélancolique de ce passage, voulut s'en emparer plus complétement, en lui donnant une forme plus moderne et plus personnelle. Dans ses manuscrits, parmi des fragments bucoliques ou élégiaques, on a retrouvé ces vers (I, p. 178), qui sont une nouvelle et heureuse imitation de ceux de Tibulle :

Trop heureux sur ce bord pendant la nuit obscure
Qui, sous un humble toit, de son lit amoureux,
Entend gronder l'orage et le ciel ténébreux,
Et le Rhin et ses flots et sa rive écumante,
Et presse sur son sein le sein de son amante !

Je n'ai plus à vous signaler, Monsieur, dans cet examen sommaire, que deux passages imités de Tibulle. Le premier est dans les fragments bucoliques (I, p. 58) :

Apollon et Bacchus, vous seuls entre les dieux,
D'un éternel printemps vous êtes radieux.
Sous le tranchant du fer vos chevelures blondes
N'ont jamais vu tomber leurs tresses vagabondes.

Au premier abord j'aurais plutôt cru ces vers imités d'Ovide, de Properce ou même de Catulle. Ils sont traduits de Tibulle (I, IV, 37) :

Solis æterna Phæbo Bacchoque juventas :
Nam decet intonsus crinis utrumque deum.

Il faut d'ailleurs prendre garde avec André Chénier, et ne pas se laisser égarer sur de fausses traces. C'est ainsi, pour vous citer un exemple, que longtemps j'ai cherché à retrouver dans les élégiaques latins ce vers d'un des nouveaux fragments (III, p. 133) :

Je dors, mais mon cœur veille ; il est toujours à toi,

tandis que le poète l'a ravi au *Cantique des cantiques* (V, 2).

Le second fragment imité de Tibulle appartient à l'*Art d'aimer* (II, p. 120). Il s'agit du courage, de l'audace même que l'amour inspire à la beauté timide :

Une jeune beauté par lui seul affermie,
Quand la troupe aux cent yeux est enfin endormie,
De son lit qui pleurait l'absent trop attendu
Fuit, se glisse, et d'un pied muet et suspendu

Au jeune impatient va, d'aise palpitante,
Ouvrir enfin la porte amie et confidente;
Et sa main, devant elle, interroge sans bruit
Et sa route peureuse et les murs et la nuit.

Le passage de Tibulle (II, I, 75), dont ces vers ne sont en quelque sorte qu'une traduction, est célèbre et a été maintes fois imité :

Hoc duce, custodes furtim transgressa jacentes,
Ad juvenem tenebris sola puella venit;
Et pedibus prætentat iter, suspensa timore
Explorat cæcas cui manus ante vias.

J'ai à peine besoin de vous faire remarquer, Monsieur, que Chénier a su rendre fidèlement ce passage dans lequel les traducteurs introduisent d'ordinaire quelques contre-sens. Mais savez-vous comment un poète français, Bertin, a rendu un des vers de Tibulle, le *pedibus prœtentat iter ?*

Suspendant sur l'orteil une jambe craintive !

Je livre ce vers à l'admiration de nos réalistes ou naturalistes modernes, car il est d'une scrupuleuse exactitude. Toutefois, chez Bertin, cet *orteil* n'est pas le fait d'une tentative réaliste ou naturaliste, mais celui de l'impuissance poétique. Cela dit, Monsieur, hâtons-nous de remonter sur les poétiques sommets, foulés par les pieds délicats des Muses.

Il est certain qu'André Chénier, comme tous les

jeunes gens de son époque qui avaient reçu une forte éducation classique, savait par cœur les plus beaux passages des poètes grecs et latins. Ceux-ci se pressaient en foule dans sa mémoire dès qu'un sujet se présentait à son imagination. Il semble d'ailleurs que, par cette complète possession des poètes anciens et par l'habitude qu'il avait de tracer en prose une esquisse de ses ouvrages, André Chénier ait réalisé le type du poète, tel que l'a conçu Vida, au premier chant de sa *Poétique :*

Nec mihi non placeant, qui, fundamenta laborum
Quum jaciunt, veterum explorant opera inclyta vatum
Noctes atque dies, passimque accommoda cogunt
Auxilia, intentique aciem per cuncta volutant.
Quin etiam prius effigiem formare solutis
Totiusque operis simulacrum fingere verbis
Proderit, atqne omnes ex ordine nectere partes;
Et seriem rerum, et certos tibi ponere fines,
Per quos tuta regens vestigia tendere pergas.

VI

Après les Grecs, Monsieur, quittons les Latins à leur tour. Dans un beau fragment (I, p. 114), où abondent les vers brillants et sonores, André Chénier a célébré le retour du printemps :

Sur son visage blanc quelle pourpre étincelle !
L'hirondelle a chanté, Zéphire est de retour :
Il revient en dansant, il ramène l'amour ;
L'ombre, les prés, les fleurs, c'est sa douce famille,
Et Jupiter se plaît à contempler sa fille.

Ce n'est ici ni un Théocrite, ni un Virgile qu'imite André Chénier. Ces vers sont la traduction du début d'un sonnet de Pétrarque (S. CCLXIX), intitulé *Retour du printemps* : « Zéphire nous revient, ramenant les beaux jours et sa douce famille de plantes et de fleurs, et Procné gazouillant, et Philomèle qui pleure, et le printemps blanc et vermeil. On voit rire les prés et le ciel se rasséréner ; Jupiter est joyeux de contempler sa fille ; l'air, et les ondes, et la terre, tout est rempli d'amour. »

On trouve, parmi les fragments bucoliques, un autre joli tableau, mélancolique cette fois, du retour du printemps (I, p. 120) : *Déjà l'hiver expire*, etc. Le poète berger assiste aux jeux amoureux de deux pigeons, posés sur le toit de sa chaumière :

> Deux pigeons, au soleil, ensemble s'y reposent ;
> Leurs yeux et leurs baisers s'unissent mollement.
> Leur plumage s'agite et frémit doucement.
> Hélas ! je sens couler dans mon âme inquiète
> Une mélancolie et profonde et muette ;
> Quelque chose me manque et je ne sais quels vœux....
> Ah ! faut-il être seul et témoin de leurs jeux !

Chénier s'est ici souvenu, en l'embellissant, de ce petit tableau de la huitième églogue de Sannazar, un des rares passages de l'*Arcadie* qui puissent aujourd'hui nous offrir quelque intérêt : « Hier, sur le soir, étant seul, je vis sur un grand orme deux tourterelles faire leur nid avec empressement. Non ! le ciel n'est contraire qu'à moi. Témoin de toutes leurs caresses, s'il me resta quelque sentiment, ce fut pour sentir une bien vive douleur. »

Mais, parmi les poètes bucoliques modernes, celui que préférait André Chénier était sans contredit Gessner, qu'il lisait, ne sachant pas l'allemand, dans la traduction d'Huber. Outre les imitations déjà indiquées dans l'édition de 1872, nous voyons, par les nouveaux fragments publiés en 1874, qu'il voulait entièrement transporter dans une de ses élégies le poème de *La Nuit* « de ce bon suisse Gessner », comme il l'appelle (III, p. 125). Il se proposait encore (I, p. 81) de rendre cette ravissante peinture de Gessner (*Idylle* XLIII) « d'une fille qui, au bord de l'eau, mollement inclinée, retient d'une main les plis de sa robe, et de l'autre se lave le visage, et attend que l'eau soit calme, se regarde, et rit de se voir si jolie. » Les œuvres de Gessner abondent en effet en gracieux tableaux qui semblent pris sur nature, et auxquels il n'a manqué pour s'imposer à l'admiration que d'être revêtus de la forme plus parfaite du vers. C'est une proie qu'André ne pouvait laisser échapper; mais il ne livre pas toujours le secret de ses larcins. Le fragment (I, p. 90) où une nymphe raille un satyre et le fait choir dans une mare est tiré de la XXIIIe idylle. Lisez maintenant, Monsieur, ces quelques lignes de la XXXVIIIe idylle de Gessner : « Sa robe légère, s'insinuant dans les contours gracieux de sa taille et de ses genoux, flottait derrière elle au gré des airs, avec un doux frémissement. » Dans cette jolie peinture modifiez simplement l'ordre des mots et vous retrouverez presque intégralement ces quatre vers d'André Chénier (I, p. 108) :

Sa robe, au gré du vent derrière elle flottante,

En replis ondoyants mollement frémissante,
S'insinue, et la presse et laisse voir aux yeux
De ses genoux charmants les contours gracieux.

La supériorité reste ici à Gessner, car c'est lui qui est le peintre original et le modèle. Toutefois Chénier ne sera pas long à reprendre ses avantages qui sont ceux mêmes de la poésie sur la prose plus humble. La première idylle, qui ouvre le recueil du poète allemand, est fort belle, et elle a passé presque tout entière, en détails et par menus fragments, dans les idylles et dans les élégies d'André Chénier. Le début a une ampleur inaccoutumée : « Ce ne sont ni les héros farouches et teints de sang, ni les champs de bataille couverts de morts que chante ma muse badine. Douce et timide elle fuit, sa flûte légère à la main, les scènes tragiques et tumultueuses. » André s'en est emparé (I, p. 115), mais en maître. Le trait du poète s'élève et touche aux nues :

Ma muse fuit les champs abreuvés de carnage ;
Et ses pieds innocents ne se poseront pas
Où la cendre des morts gémirait sous ses pas.
Elle pâlit d'entendre et le cri des batailles
Et les assauts tonnants qui frappent les murailles ;
Et le sang qui jaillit sous les pointes d'airain
Souillerait la blancheur de sa robe de lin.

La prose de Gessner avait de la grandeur ; la poésie d'André Chénier nous fait éprouver la sensation du sublime.

Il me reste encore, Monsieur, non à vous dévoiler une dernière imitation, mais à vous faire connaître la source d'une des plus belles pièces, restée malheureusement à l'état d'ébauche, de cette touchante et mélancolique idylle des *deux Enfants*, dont deux chevriers chantent alternativement l'innocente et triste fin (I, p. 154). Je ne vous la citerai pas, Monsieur, car elle est un peu longue ; et d'ailleurs vous avez certainement dans la mémoire ces beaux vers qui ont un accent funèbre. Je ne vous dirai qu'un mot au sujet de la constitution de la pièce. Le chant alterné, si je vois juste, devait se composer de quatre stances de huit vers chacune, que les chevriers A et B auraient récitées tour à tour. Voici la division en couplets, telle que je l'aperçois. Je ne cite que les premiers et les derniers mots de chaque stance : 1er couplet, 8 vers, A: «*Deux enfants... et du pain dans du lait.*» 2e couplet, 8 vers, B : « *Mais j'ai faim... nous coucher.* » 3e couplet, 8 vers, A : « *Tous deux, sous un ormeau... inonda les fleurs.* » 4e couplet, 8 vers, B : « *La hache sur le dos... pleuré toute la nuit.* » L'idée première de cette idylle me semble avoir été suggérée à André Chénier par une gravure de Bartolozzi, publiée en 1784, et intitulée *les Enfants dans les bois*. Au-dessous de la gravure (ce n'est pas une des meilleures de Bartolozzi) se trouvent imprimées quatre strophes tirées d'une poésie anglaise. J'extrais de ces strophes quelques vers que je traduis littéralement : « ... Ces jolis petits enfants, la main dans la main, errèrent de côté et d'autre... ; leurs jolies lèvres, avec des mûres sauvages, furent toutes barbouillées et teintes ; et quand ils virent la nuit sombre ils s'assirent et pleurèrent. Ainsi errèrent ces pauvres innocents, jusqu'à ce que la mort mît fin à leur chagrin. Dans les bras l'un de l'autre ils moururent, comme s'ils avaient besoin de ce soulagement. » Ainsi que vous le voyez, Monsieur, le sujet chanté par André Chénier est une transfiguration de celui gravé par Bartolozzi.

J'ai terminé. Mais non, encore un mot : l'arc du Parthe frémit dans mes mains, et la flèche s'échappe malgré moi. J'ai bien souvent défendu Henri de Latouche contre les attaques injustes et passionnées dont il était l'objet ; mais j'éprouve à mon tour l'irrésistible désir de lancer une fois contre lui un trait que d'ailleurs je ne tremperai pas dans du fiel. Or, dans *la*

Vallée aux loups, publiée en 1833, Latouche a inséré une élégie (p. 183), qui n'a pas moins de cent vers, intitulée *les Enfants dans les bois*. Il avait eu sous les yeux l'esquisse aujourd'hui publiée, et il s'était laissé séduire à l'idée de traiter le sujet et de mettre en œuvre jusqu'aux moindres expressions du poète. Déjà dans le même recueil se trouvent trois pièces, dans lesquelles il avait recueilli quelques menus fragments pris dans les manuscrits de Chénier, et que pour ce motif il a scrupuleusement désignés au lecteur par une étoile placée en tête. Mais en tête des *Enfants dans les bois* l'étoile révélatrice manque absolument ; et cependant tous les vers et fragments de vers d'André Chénier sont entrés dans son élégie. Dans cette pièce vous trouverez quelques jolis passages qui témoignent que Latouche était de la race des poètes ; malheureusement (et c'est là son châtiment), il a gâté, pour les enchâsser dans ses vers, quelques-uns de ceux qu'il a dérobés à André Chénier.

Au surplus, Monsieur, je veux vous en faire juge, en transcrivant ici la seconde moitié de l'élégie de Latouche. J'ai soin de mettre en *italiques* toutes les expressions, toutes les idées, tous les traits dont celui-ci s'est emparé.

. . . .

— Mon frère, allons nous-en, dans le fond du bois sombre
Les loups nous mangeront ; j'ai vu passer leur ombre.
— Ne crains point. *Suis plutôt les détours du ruisseau :*
Il saura nous guider *vers un pays plus beau ;*
Nous verrons des jardins, des enfants, des prairies ;
La fraise sera mûre et les mauves fleuries,
Et nous retrouverons, sur le seuil du châlet,
Ma mère qui t'appelle, *et du pain dans du lait.*
— N'entends-tu pas des cris à travers ces grands chênes ?
— Non, je crois du hameau les demeures prochaines ;
Viens. — *J'ai faim, je suis las, je ne veux plus marcher.*
Au pied de ce grand arbre il vaut mieux nous coucher :
Dormons ici, demain nous marcherons encore.
Et le plus grand s'élance au front d'un sycomore,
Regarde et ne voit rien. Que l'air est orageux !
L'étroit sentier s'efface, il glisse, il est fangeux :
Où s'asseoir, où dormir sur ces herbes mouillées ?
Que faire de leurs mains que la terre a souillées ?
Longtemps le plus petit, perdu dans le hallier,
Disait : « Reviens, ma mère ! » et se prit à crier.
A peine un fruit vieilli s'offrait par intervalles,
Et la mûre des bois teignait leurs lèvres pâles.
Enfin, devant leurs pas un *orme* caverneux
Se courbe ; et les enfants s'abritent sous ses nœuds.
Là, pour son frère en pleurs, des habits qui le couvrent
L'aîné se dépouilla. *Leurs faibles bras* s'entr'ouvrent,
S'enlacent, et bientôt ils ont fermé les yeux.
Lorsque la froide aurore enfin rougit les cieux,
Le bûcheron sorti de sa hutte éloignée,
Chantant, et *sur l'épaule appuyant sa cognée,*
Les contemple longtemps, craint de les éveiller,
Passe, *et dit qu'il a vu deux anges sommeiller.*
Hélas ! ils n'étaient plus. Et *l'aurore attristée*
Vit que *leur double enfance au ciel était montée ;*
D'une rosée amère elle inonda les fleurs.
Leur chien, longtemps *fidèle*, emplit l'air de douleurs,
Lécha leurs pieds glacés, triste et dernier hommage
Et l'oiseau dont la pourpre enflamme le plumage,
Qu'abritent nos pasteurs durant l'âpre saison,
De qui l'instinct pieux n'aurait laissé, dit-on,

Ni jamais l'assassin dormir sous les feuillées,
Ni sans quelques honneurs les victimes oubliées,
Le rouge-gorge, ami des enfants du hameau,
Les couvrit tous les deux des feuilles de l'ormeau.

Pendant que Latouche était en train de puiser dans les manuscrits d'André Chénier il eut mieux fait de leur emprunter encore ces deux vers si beaux de mélancolie :

Et le doux rossignol, en agitant son aile,
Avait sur un rameau pleuré toute la nuit.

En lisant les vers de Latouche je ne sais si vous avez remarqué ce vers :

Et la mûre des bois teignait leurs lèvres pâles.

Ce trait ne vous semble-t-il pas pris dans les vers de l'élégie anglaise ? Et ce rapprochement n'indiquerait-il pas que Latouche aurait trouvé parmi les manuscrits d'André Chénier soit les stances anglaises transcrites ou traduites, soit même la gravure de Bartolozzi ?

Je m'arrête, Monsieur ; je n'ai déjà que trop abusé de votre bienveillante attention. J'ai toutefois une excuse qui, je l'espère, vous paraîtra légitime. Si un jour c'est à moi qu'est réservé l'honneur de donner une édition critique définitive d'André Chénier, je ne me déroberai pas à cette tâche difficile. Mais qui peut disposer de l'avenir? Le mieux est de ne point y compter. Ces notes sont donc une offrande que je fais bien volontiers à l'éditeur futur, quel qu'il soit, des poésies d'André Chénier.

TABLE ANALYTIQUE

IMPRIMÉ

PAR

GUSTAVE RETAUX

A

ABBEVILLE

1798. — Abbeville. — Typ. et stér. Gustave Ret[illegible]

www.ingramcontent.com/pod-product-compliance
Ingram Content Group UK Ltd.
Pitfield, Milton Keynes, MK11 3LW, UK
UKHW020552180726
13838UKWH00001B/204